MARABOUT ***PRATIQUES***

Afin de vous informer de toutes ses publications, **marabout** édite des catalogues régulièrement mis à jour. Vous pouvez les obtenir gracieusement auprès de votre libraire habituel.

Du même auteur chez Marabout :

— *Votre bébé de 1 jour à 1 an.*
— *Votre enfant de 1 à 3 ans.*
— *Votre enfant de 3 à 6 ans.*
— *Pour maîtriser les tests de recrutement.*
— *Faites votre auto-évaluation professionnelle* (avec Ch. Romain).
— *Les bonnes pistes pour trouver un emploi.*
— *Développez votre créativité* (avec Ch. Romain).
— *Mensa, le livre des tests.*

Anne BACUS

Bébé pleure, que faire ?

MARABOUT

Remerciements

Un livre sur un tel sujet ne peut être qu'en partie celui de l'auteur. Il serait, notamment, particulièrement ingrat de ne pas remercier :

ma mère qui a su me supporter;

mes enfants qui m'en ont tant appris sur le sujet;

leur père qui sut prendre le relais;

l'amie qui m'avait prévenue : « Un bébé, ça pleure... »;

toutes les mères, nouvelles ou expérimentées, qui se sont confiées à moi.

SOMMAIRE

INTRODUCTION

Appelons-la Nicole. Elle téléphone un matin à mon cabinet, et je sens dans sa voix une telle détresse que je décide de la recevoir le jour même. Elle arrive, portant dans les bras une petite fille de six semaines absolument adorable, répondant au doux prénom de Mirielle, occupée pour l'heure à nous faire une démonstration de la puissance de ses cordes vocales. Pendant tout le début de l'entretien, Nicole n'arrête pas de bercer Mirielle, de la nourrir, de lui donner son doigt à téter, de lui tapoter le dos, de la changer de position, dans le but de la faire taire, mais sans grand succès je dois dire. Quand je lui suggère de coucher sa fille dans le couffin, dans sa position préférée, et déposer le couffin au calme dans la pièce à côté, elle paraît soulagée. Moins de cinq minutes après, les pleurs se taisent et nous pouvons parler.

« Je vous ai appelée parce que je n'en peux plus. Hier après-midi, mon bébé a pleuré plus de quatre heures presque sans interruption. J'ai eu l'impression qu'elle n'arrêterait jamais. Je me suis effondrée sur le canapé et je me suis mise à pleurer moi aussi, à bout de nerfs et plus fatiguée que je ne l'ai

été de toute ma vie. J'avais tout essayé : le sein, le biberon, la changer, la bercer, lui faire écouter de la musique, la promener, tout. Rien ne marchait. A la fin, j'avais l'impression qu'elle faisait exprès de pleurer pour me faire comprendre que je n'étais pas une bonne mère. Tout l'immeuble devait l'entendre et penser que je la battais ou que je la négligeais, je ne sais pas.

C'est comme cela depuis un mois environ : j'ai l'impression qu'elle pleure tout le temps. Depuis mon accouchement, je n'ai pas dormi plus de deux heures de suite. Je l'aime, ce bébé, mais parfois je me dis que j'ai fait une bêtise. Je crois que je ne devais pas être faite pour être mère. Je me sens misérable et inefficace parce que rien de ce que je fais ne la soulage. Je suis de plus en plus tendue et anxieuse : quand enfin elle se tait, je guette le moment où elle va recommencer à pleurer et je me construis un scénario dans la tête.

Je ne sais pas combien de temps je vais pouvoir tenir dans cette prison de cris sans m'effondrer complètement. J'ai l'impression que cela ne cessera jamais. Ma belle-mère me dit que ses enfants à elle ne pleuraient pas comme ça et que je devrais donner à Mirielle des biberons de complément. Comme si je l'avais attendue pour essayer ! Je suis allée voir le pédiatre, pensant que ma fille était malade, qu'elle souffrait. Il a dit que tout allait bien, qu'elle était en parfaite santé. Alors, c'est que c'est moi qui ai quelque chose qui ne tourne pas rond, ou bien c'est que je ne sais pas m'y prendre.

Tout cela est tellement loin de ce que j'imaginais lorsque j'étais enceinte, ou même à la maternité... Je flottais sur un petit nuage. Ma fille et moi serions les meilleures amies du monde et je la comprendrais d'instinct. Je la bercerais tendrement en lui murmurant des mots doux et elle s'endormirait en souriant pour de longues heures... J'en suis loin. Personne ne m'a prévenue qu'un bébé, c'était ça. Est-ce je suis la seule à qui cela arrive? J'ai dû rater quelque chose... Mais quoi? »

Vous reconnaissez-vous dans ce portrait? Si vous faites partie des parents de bébés en parfaite santé qui pleurent beaucoup, vous savez que les émotions et l'épuisement qui résultent d'une telle situation peuvent pousser les plus équilibrés et les plus patients aux extrêmes limites d'eux-mêmes. Alors les autres... Pourtant je n'ai chaque fois rencontré, dans cette situation, que des parents affectueux, dévoués et profondément préoccupés du bien-être de leur enfant.

Les livres destinés aux nouveaux parents, que vous avez lus avidement pendant la grossesse, vous expliquent en détail comment être des parents performants qui élèvent dans le calme un enfant radieux et épanoui. C'est juré : vous allez accoucher dans l'obscurité, avec une musique douce, vous allaiterez six mois et vous masserez votre bébé à l'huile d'amandes douces. Le père vous soutiendra en tout et sera allègrement de la race des « nouveaux. » Ensemble, vous serez calmes, conséquents, fermes, tendres et d'accord.

D'où vient alors qu'un mois après vous soyez épuisée, enragée, et ne rêviez que de fuir seule au bout du monde, prête à donner dix ans de votre vie pour une nuit complète et soudain plus tolérante pour les mères d'enfants battus? Les livres disaient qu'une mère sait reconnaître d'instinct les pleurs de son bébé et que, selon sa manière de pleurer, elle savait si elle devait le nourrir, lui changer sa couche, lui faire des chatouilles ou le laisser pleurer tranquille. D'où vient alors que vous n'y compreniez rien, que tous les cris de votre enfant semblent se ressembler et que vous deviez essayer dix solutions avant de trouver (parfois) la bonne ? Disons que, malheureusement, votre bébé, lui, n'a pas lu tous les livres...

Vous étiez pourtant partie avec une image optimiste des choses. Votre congé de maternité (trois mois de vacances, quel luxe !) se passerait agréablement, à vous occuper de la maison et à prendre le thé avec des copines, tout en écoutant vos disques préférés. Bébé, pendant ce temps-là, gazouillerait dans son transat en regardant son mobile ou en jouant avec ses pieds. Toutes les quatre heures, vous l'allaiteriez et il s'endormirait dans vos bras, tendrement repu. Pendant plusieurs mois, vous pourriez l'emmener partout, voire même au bureau. Vous retrouveriez vite une taille de guêpe et votre mari vous regarderait avec un nouveau désir tout neuf... La naissance elle-même vous a mis dans un état d'euphorie considérable. Quoi, moi, j'ai fabriqué dans mon ventre une si jolie petite chose ? Quelle merveille ! Mais quelques semaines plus tard, la réalité est tout autre. La maison est dans un fouillis considérable, le linge sale s'empile à vue d'œil, vous êtes trop fatiguée pour voir les copines ou pour penser à la bagatelle, vous avez encore six kilos à perdre et votre bébé est inconsolable. Vision exagérément sombre des choses ? Alors pourquoi êtes-vous en train de lire ce livre ?

Vivre avec un bébé qui pleure excessivement et que l'on ne peut consoler est l'une des expériences les plus pénibles qui soient. D'abord sur un plan purement physiologique, car ces cris aigus vrillent les oreilles d'une manière insupportable et engendrent une grande tension nerveuse qu'il est difficile d'évacuer. Ensuite sur le plan affectif et psychologique, car on ne peut s'empêcher de penser que son bébé doit être bien malheureux ou souffrir beaucoup pour pleurer autant (soi-même on ne pleure que dans ces cas-là). On se sent vite mauvaise mère ou mauvais père de ne pouvoir soulager son petit de sa souffrance. Pire, de ne même pas en comprendre la cause...

Aussi je voudrais, dès le début de ce livre, faire passer deux idées essentielles.

Pleurer est normal pour un bébé

C'est son moyen d'expression privilégié. Si vous croyez qu'un bébé heureux ne pleure pas, spécialement au cours du premier trimestre de sa vie, vous vous trompez. L'absence de pleurs inquiète bien plus considérablement le psychologue. Le bébé qui ne réclame pas vigoureusement pour qu'on le nourrisse ou qui n'exprime pas son besoin d'être pris dans les bras a probablement un problème émotionnel. C'est lui qui est en danger. Crier, c'est avoir confiance dans la vie. Première ébauche de langage, les pleurs de bébé ont valeur de communication. Ils sont indispensables à sa survie.

Un certain nombre de bébés, disons entre dix et vingt pour cent d'entre eux, pleurent beaucoup. Exagérément. Ce n'est pas un fait nouveau : des textes très anciens y font déjà allusion. Après avoir avancé puis démenti de nombreuses hypothèses, les plus honnêtes des spécialistes avouent qu'il s'agit d'un phénomène difficilement explicable. On dit de ces bébés, en parfaite santé, au développement rigoureusement normal et souvent particulièrement éveillés, qu'ils ont des coliques, ce qui n'explique rien. Nous y reviendrons en détail, car ces bébés sont précisément ceux qui font l'objet de ce livre.

Mais sachez dès maintenant que :

1. **Ce n'est pas grave.**
2. **Ce n'est pas de votre faute.**
3. **Cela passe (et sans séquelles).**

Tous les bébés sont différents

Les tempéraments s'affirment dès la naissance. Certains bébés sont alertes, communiquent bien et sont faciles à calmer : c'est l'idéal pour commencer une relation à trois. D'autres bébés sont grognons, excitables, sensibles et incapables de se calmer eux-mêmes ou d'être calmés par autrui. Ceux-là sont plus difficiles et vont demander à leurs parents un surcroît de patience et de temps. Les uns ne sont pas mieux que les autres, ils sont seulement plus faciles au démarrage. Trois ou quatre mois plus tard, on ne voit plus la différence et l'enfant grognon est devenu un petit garçon (ou une petite fille) éveillé, calme et souriant.

Votre bébé étant par définition différent de tous les autres, vous auriez tort de croire ce que disent les livres de puériculture sur le nombre de repas que votre bébé doit prendre chaque jour, la quantité de lait qu'il doit normalement absorber ou le nombre d'heures qu'il doit dormir. Votre enfant est unique. Ce n'est qu'en l'observant que vous apprendrez, au fil du temps, ce qui lui convient à lui, à quelles heures il a faim et dans quelle position il aime dormir. L'instinct maternel censé surgir d'on ne sait où le jour de la naissance est un mythe. Etre parent s'apprend. Les règles générales ne sont pas pour votre bébé. Si vous les appliquez telles quelles, vous allez tout droit au-devant des ennuis. Votre bébé est une personne merveilleuse, exceptionnelle, avec des désirs, des goûts et des besoins bien personnels. Certains bébés ont besoin de peu de sommeil, d'autres dorment presque toute la journée. Certains aiment s'endormir dans les bras, d'autres dans leur lit, d'autres encore sur le torse de leur papa. Certains ont faim toutes les deux heures, d'autres jamais à la même heure. Apprendre à connaître votre bébé dans sa singularité doit être votre but essentiel au cours de ces premiers mois de vie commune.

On n'écrit pas un livre comme celui-ci tout à fait par hasard. L'un de mes enfants avait des coliques. Je me souviendrai toute ma vie de mon désarroi et de ma confusion. J'étais si fatiguée que, la nuit, c'est à genoux que je me traînais de mon lit au sien. Je me souviens de l'effet désastreux sur mon moral de ces longs cris auxquels je ne comprenais rien et, pis, auxquels il me semblait que je ne pouvais rien. Je me vois encore l'enfermer parfois dans sa chambre pour ne plus l'entendre ou la confier pour une nuit à mon gentil voisin du dessus. Je me souviens de la tristesse, du sentiment d'incompétence et de la culpabilité qui m'envahissaient alternativement.

Je m'entends encore lui dire : *« Je ne sais pas pourquoi tu pleures et je ne peux pas te consoler, mais je suis là, près de toi. Si tu te sens mal, je suis de tout cœur avec toi, et si tu veux que je t'aide, tâche de t'exprimer plus clairement!»* Je me revois berçant pendant des heures, le dos douloureux, de jour comme de nuit, fredonnant toutes les chansons douces de mon répertoire. Je vaquais à toutes mes occupations quotidiennes mon bébé blotti contre moi dans un sac-kangourou. Je me revois, lorsqu'enfin elle dormait, m'approcher d'elle, étonnée, ravie, et inquiète de voir si elle respirait bien... au risque de la réveiller. J'avais la tête pleine de belles idées sur les pleurs des bébés qui se sont révélées erronées une fois appliquées à ma propre fille.

J'ai simplement écrit le livre que j'aurais aimé lire à l'époque. Celui qui nous aurait aidés, mon bébé, son père et moi, à mieux nous connaître, à mieux nous comprendre et à mieux communiquer. J'ai écrit plus pour les mères de bébés qui pleurent beaucoup (ceux que l'on nomme les bébés «difficiles») que pour leurs bébés eux-mêmes, car je crois sincèrement que, dans la plupart des cas, la détresse est davantage de ce côté-là. Si la mère est aidée, si elle cesse de se sentir coupable, si elle n'est plus seule, si elle accepte de n'être pas toute puissante, elle saura avoir avec son bébé les attitudes simples qui lui permettront d'apprendre à se calmer. J'ai écrit pour dire aux pères, dont la patience est également mise à rude épreuve, combien leur présence et leur aide sont fondamentales dans ces circonstances, non pas en tant que seconde maman, mais bien en tant qu'homme: il faut qu'ils s'occupent de leur femme pour qu'elles puissent materner leur bébé.

Avertissement

Quand je parle du bébé, j'entends bien entendu aussi bien les filles que les garçons. La tranche d'âge concernée va de la naissance à six mois : ensuite les pleurs diminuent, ils sont plus faciles à interpréter et la façon d'y réagir n'est plus la même.

Quand je parle au parent, c'est avant tout à la mère que je m'adresse, puisqu'il est évident qu'elle joue ici un rôle privilégié (ne serait-ce que parce que c'est elle qui, grâce au congé de maternité, est là présente, toute la journée). Mais les pères sont loin d'être oubliés. Quant aux mères seules, je sais combien leur situation est plus difficile encore.

Si j'emploie souvent le mot « cri » de préférence à « pleur », c'est qu'il évoque davantage ce qu'il en est réellement pour le bébé : une expression libératrice, revendicatrice, pleine d'énergie, et non une attitude qui évoque immanquablement la tristesse ou la douleur.

LES PLEURS DU BÉBÉ

Les nouveau-nés ont peu de moyens à leur disposition pour exprimer ce qu'ils ressentent. La gamme de leurs expressions va rapidement s'agrandir, mais, dans les tout premiers mois, il est évident que le cri est un mode d'expression tout à fait privilégié.

Tant qu'il est dans le ventre de sa maman, le bébé n'a pas beaucoup d'occasions de se sentir mal à l'aise. Il n'a jamais faim, ne souffre ni du chaud ni du froid, n'a pas besoin d'être changé ni d'appeler pour qu'on lui tienne compagnie ou qu'on le berce. Une fois dehors, on comprend aisément que sa vie change du tout au tout et devient infiniment plus compliquée. Etant incapable de subvenir à ses propres besoins comme d'assurer sa survie, le bébé dispose du cri, réflexe salvateur, auquel les adultes en charge vont répondre de manière plus ou moins appropriée.

Mais le cri ne sert pas qu'à se plaindre de ce qui ne va pas. Il a de nombreuses utilités que nous allons passer en revue. Ayant lu ce chapitre, vous conviendrez qu'il aurait été dommage que votre bébé ne pleure pas. Vous avez là une merveilleuse opportunité pour faire connaissance…

LES NIVEAUX DE VIGILANCE DU BÉBÉ

On nomme ainsi les différents états dans lesquels peut se trouver un bébé au cours des premières semaines de sa vie. C'est assez simple, car ils ne sont qu'au nombre de trois.

Le sommeil

C'est l'état dans lequel le bébé passe le plus de temps, surtout au début de sa vie. Mais le nombre d'heures passées à dormir varie beaucoup d'un bébé à l'autre. En observant son bébé dormir, on peut repérer deux types de sommeil. **Un sommeil profond** où le bébé est totalement détendu et inerte, la respiration régulière, et un **sommeil plus superficiel,** plus léger, où l'on voit l'enfant bouger bras et jambes, rouler les yeux dans les orbites et parfois pousser des petits cris. Surtout n'y répondez pas ! Vous réveilleriez inutilement un bébé endormi et vous demanderiez ensuite pourquoi il pleure…

L'éveil calme

Le bébé est éveillé, attentif, détendu. Pour quelques minutes, le bébé est totalement disponible à l'échange et à la stimulation. Alerte, il examine visuellement son environnement, sourit, écoute. Il focalise son attention tantôt sur ce qu'il voit, tantôt sur ce qu'il écoute ou touche.

Ce sont ses tout premiers moments de découverte du monde et des temps tout à fait privilégiés de rencontre. Ces moments d'éveil, très courts chez le nouveau-né, puis de plus en plus longs, se produisent le plus souvent lorsque le bébé est à l'aise : il a dormi, il a mangé, il est propre. Il se sent alors disponible pour un temps de stimulation, de jeu, de rencontre. Au bout d'un moment d'éveil calme, l'éveil peut devenir plus actif. Le bébé bouge bras et jambes, détourne la tête, s'excite davantage. Il faut alors savoir mettre un terme à la stimulation avant que l'enfant ne se fatigue trop. Lorsque l'éveil devient agité, nous ne sommes pas loin du niveau de vigilance suivant.

Les cris

D'abord faibles et espacés, ceux-ci peuvent rapidement s'accélérer et monter crescendo jusqu'à un niveau difficilement supportable. Le bébé se contorsionne, devient rouge. L'enfant n'est généralement pas malade. Il s'agit là d'un moyen d'expression normal correspondant à un appel. Il y a un malaise que le parent interprète d'une manière ou d'une autre et auquel il va répondre de façon plus ou moins adéquate selon la compréhension qu'il a de son enfant.

A QUOI SERVENT LES PLEURS ?

La réponse tient en un mot : **à communiquer.** Pour être tout à fait honnête, disons qu'une certaine quantité de pleurs a pour rôle principal d'évacuer les tensions accumulées à cause d'un excès de stimulation : on retrouve cela chez les enfants plus âgés, lorsqu'ils se sont bien excités et qu'ils fondent en larmes avant d'aller dormir. Ils pleurent « pour rien » et se sentent mieux après. Mais, même dans ce cas, l'enfant ne communique-t-il pas : *« Je suis trop énervé, je vais pleurer un moment et j'irai mieux après »* ?

Dans tous les cas, les pleurs correspondent au niveau de base de la parole et de l'échange. Vous n'arrivez pas à distinguer les pleurs de votre nouveau-né ? Normal, lui non plus. Il lui faut quelques semaines avant d'être capable d'interpréter correctement le malaise qui est le sien et de trouver le moyen le plus précis de l'exprimer. Mais c'est cependant un échange actif puisque l'enfant exprime quelque chose et que vous y répondez. Ce faisant, vous l'introduisez dans le dialogue.

Pleurer est, sur le plan archaïque, le moyen qu'a l'enfant d'assurer sa survie. Il réclame, de toute la force de ses poumons, ce dont il a besoin pour survivre : principalement de la nourriture, de la chaleur et de l'amour. Bien sûr, on pourrait imaginer qu'il communique de manière plus subtile et moins dérangeante, par le regard ou un léger gémissement. Mais cela serait-il aussi efficace ? Nous dérangerions-nous aussi vite ? Combien de bébés, au cours des âges, auraient été oubliés dans leur berceau ou ce qui en tenait lieu, s'ils n'avaient pas vigoureusement réclamé leur dû ? Le bébé, par ses cris, exige, il est vrai, une grande quantité d'attention, disons même une attention exclusive pour certains. Mais c'est tout simplement qu'**il en a besoin.**

Au fil des semaines et des mois, l'enfant apprend à s'exprimer. Ses messages hurlés véhiculent des significations de plus en plus spécifiques et ses cris se différencient. La réponse des parents à leur bébé va lui permettre d'entrer de plus en plus dans un système de communication sans lequel il n'y aurait pas de parole possible. Il y aura le pleur de faim, de fatigue, de besoin d'être pris dans les bras, de douleur, etc., que la mère apprendra progressivement à soulager en prêtant une fine attention aux indices. Toute petite personne, le bébé nous dit par ses cris qu'il a des besoins à faire respecter et des sentiments à communiquer. La confiance réciproque va venir se nicher là, dans ce tout premier dialogue où l'enfant réclame et où le parent répond par des actes, ou, à défaut, par des mots. L'enfant se sent entendu : la relation peut s'épanouir.

Mais parvenir à se comprendre n'est pas facile du tout et interpréter correctement les pleurs de son enfant peut prendre parfois deux à trois mois, même avec beaucoup de bonne volonté de part et d'autre. Les gens ne sont jamais avares de conseils sur les raisons des pleurs d'un enfant et la manière de les faire cesser. Mais ils ne marchent généralement que par hasard. Chaque enfant a son propre registre et c'est une nouvelle langue qu'il faut déchiffrer à chaque nouvel enfant, afin de la parler avec lui. Apprendre à interpréter les indices, repérer les besoins et les rythmes, comprendre les messages. A ce jeu de « l'accordage », les parents « expérimentés » ne sont pas plus avancés que les parents d'un premier-né. Ils ont peut-être simplement davantage confiance dans leurs compétences.

A côté de ces pleurs bien spécifiques que l'on peut venir soulager par une réponse spécifique, il existe des pleurs inconsolables et incompréhensibles. Personne ne sait précisément pourquoi certains enfants, à certains moments, pleurent sans que l'on puisse les soulager. On a bien quelques idées dont nous reparlerons. Winnicot affirmait qu'une part de plaisir pouvait entrer dans certains pleurs des tout-petits. N'y a-t-il pas une réelle satisfaction à exercer ses poumons, comme à exercer toute fonction corporelle qui fonctionne bien ? Tout exercice est bon à prendre. Même en cas de détresse, crier un bon coup fait du bien. On réagit, on lutte. En un mot, on existe. Quand l'enfant hurle, il se sent puissant, et cela lui fait du bien.

Dans tous les cas, une chose est sûre : se culpabiliser ne sert à rien. La compétence et la qualité maternelles ne sont en rien proportionnelles à la quantité des pleurs de l'enfant. Un bébé qui dort beaucoup n'a pas une mère plus compétente qu'un bébé qui pleure beaucoup. Chacun a la sienne, c'est tout.

LES DIFFÉRENTES SORTES DE CRIS

Différencier et interpréter les cris de son enfant se fait souvent dans l'urgence. Il hurle, que faire ? Et si c'était grave ? Dès le retour de la maternité, la mère se retrouve souvent perdue, face à un petit dont elle se sent impuissante à interpréter la détresse. N'est-il pas normal que ce bébé qui sort dehors pour la première fois et se retrouve dans un nouvel environnement où les odeurs, les bruits, les lieux sont différents, demande quelques jours pour s'adapter ?

Mais le malaise est tel quand un bébé pleure qu'on ne peut, surtout au début, réfléchir sereinement. Qu'a-t-il qui ne va pas ? On le nourrit, on le change, on le berce, on le promène, on le couche... Et s'il continue malgré tout à pleurer, que faire ? Le malaise de la mère s'accroît, elle s'inquiète. Le bébé, très fin pour percevoir ce que ressent sa mère, perçoit son anxiété et pleure de plus belle. Au secours !

Interpréter les cris d'un enfant est un exercice périlleux pour au moins trois raisons :

1 **Chaque enfant a son langage** et il n'est pas très raisonnable de penser pouvoir transmettre une telle connaissance. De plus, si les pleurs changent à chaque occasion, les occasions de pleurer ne

manquant pas, cette langue est bien compliquée. Il s'agit de plus d'une langue dont le vocabulaire et les intonations évoluent au fil des semaines…

2 **Les pleurs de l'enfant suscitent l'empathie des parents** qui se précipitent et essaient de comprendre. Pour cela, les seules informations dont ils disposent sont leurs pleurs à eux. Or si eux pleurent, c'est forcément de douleur ou de détresse. Donc leur enfant, pour pleurer aussi fort, doit être dans une détresse terrible. Ces deux notions sont fausses. L'enfant a bien d'autres raisons que la détresse et la douleur pour pleurer, et l'intensité des pleurs n'a rien à voir avec la gravité de la situation (au contraire, pourrait-on dire parfois).

3 **La façon qu'a l'enfant de pleurer évolue au cours d'une même crise,** et la raison des pleurs change, ce qui rend les choses plus difficiles à comprendre et l'enfant difficile à satisfaire. Prenons l'exemple d'un enfant qui pleure de faim. Si la mère n'interprète pas ce message suffisamment vite, parce que l'enfant a mangé deux heures avant par exemple, les cris vont devenir des cris de rage et changer à la fois de nature et de motif. On peut dire que toute demande non satisfaite finit par aboutir à de longs cris ressemblant à de la douleur. Mais cela ne signifie nullement que la douleur est la cause première des cris. Le message étant devenu complexe et l'enfant prisonnier de sa colère, la mère ne peut plus le calmer simplement et se sent plus confuse encore.

Quelques cris, malgré tout, semblent innés, car ils

sont similaires pour les bébés du monde entier. Je vais tenter d'en décrire quelques-uns. Les trois principaux, dont les enregistrements scientifiques montrent qu'ils se distinguent effectivement, sont le cri de faim, le cri de douleur et le cri de colère. Mais, encore une fois, la langue des cris des trois premiers mois est si complexe que les parents ont de nombreuses excuses pour ne pas la maîtriser encore.

Des recherches ont été menées de la manière suivante : on a enregistré les cris de plusieurs bébés, puis on les a fait écouter à de nombreux parents en leur demandant leur interprétation de ces pleurs. Les réponses montraient que l'aptitude à interpréter les pleurs variait en partie selon l'âge, le sexe, l'état émotionnel et l'expérience des bébés. En analysant les réponses, on a constaté que deux facteurs essentiels déterminaient les réponses des adultes : l'intensité et la durée du cri. Dans la pratique, les choses sont moins simples car, s'il est relativement possible d'interpréter un cri à son commencement, tous les cris finissent pas évoluer de plus en plus intensément vers un cri qui ressemble à un cri de douleur ou de rage, alors que telle n'était pas la cause de départ, comme nous venons de le voir.

Le cri de faim

Les pleurs de faim sont certainement les plus fréquents chez les tout-petits.

Comme disent certains pédiatres: *« Dans le doute, nourrissez. »* Ceci est d'autant plus pertinent que nourrir un bébé calme également ses cris de soif, de besoin de téter, ou d'être pris dans les bras. Mais il peut y avoir un risque à long terme à répondre à toute demande par de la nourriture.

Le cri de faim est vigoureux. Ce sont des cris brefs, rythmés, mais qui évoluent vite vers des cris de plus en plus intenses, évoquant invariablement la souffrance. C'est que le bébé qui a faim et qui n'est pas nourri a réellement mal. Il est submergé par son besoin. Il n'est plus que faim.

Le cri de douleur

Le cri que provoque la douleur est certainement un des plus faciles à reconnaître. S'il s'agit d'une douleur soudaine, comme une douleur d'oreille ou une épingle à nourrice mal refermée, les cris sont aigus et perçants. Impossible de ne pas intervenir rapidement! Une douleur chronique, ou accompagnée d'une forte fièvre, s'accompagne parfois d'un pleur différent qui ressemble davantage à un geignement irrégulier, faible mais répété, d'animal blessé. On sent que le bébé n'est vraiment pas en forme. Là aussi, il faut intervenir rapidement.

Le cri de colère

C'est un cri d'une grande violence. Il survient essentiellement lorsque son besoin n'a pas été entendu. C'est un cri que l'on peut entendre comme l'effet d'üne frustration intense : celle de voir ses besoins insatisfaits et de se sentir soi-même tellement impuissant. Lorsqu'il n'est pas compris, l'enfant passe de la colère à la rage. Cette réaction n'est pas négative : elle prouve que l'enfant espère dans le monde où il est. C'est un monde où les appels peuvent être entendus. C'est pourquoi un cri pour autre chose tourne souvent au cri de rage.

Le cri de solitude ou d'ennui

Celui-là commence comme une protestation. L'enfant en a assez d'être seul dans son lit ou toujours sous le même mobile. Si personne ne vient s'occuper de lui, des gémissements plus nets apparaissent. On ne vient toujours pas? Alors il va hurler franchement et finir généralement par obtenir ce qu'il veut : de la compagnie.

Le cri de tristesse

C'est un gémissement, comme un chant de chagrin, plutôt lugubre, que vous ne devriez jamais entendre. C'est le cri de la douleur morale, celle ressentie par le bébé qui se sent abandonné, mal aimé ou à qui on ne donne pas l'attention qu'il demande. C'est le pleur de l'enfant séparé de sa mère ou que sa mère, prise dans sa propre souffrance morale, ne peut éveiller aux joies de la vie.

L'enfant a bien d'autres raisons d'appeler, de protester ou de crier, et nous en verrons un grand nombre plus loin. Mais, que je sache, elles ne donnent pas lieu à un cri spécifique, commun à tous les bébés, que je puisse vous enseigner simplement. Le laisser croire relèverait de l'imposture. Heureusement, les parents disposent d'autres indices que la nature de ses cris pour comprendre leur enfant et de nombreuses stratégies pour lui répondre de manière adéquate. Il est de plus tout à fait évident que savoir soulager son bébé, au-delà de tous les savoirs et de tous les conseils, ne peut que s'inscrire dans l'intimité d'une relation à deux.

LE MOMENT ET LA DURÉE DES PLEURS

Les pleurs des bébés sont parmi les cris les plus stridents et les plus forts qu'il se puisse entendre à domicile (environ 80 à 85 décibels). Ils débutent réellement autour de la deuxième semaine, vont croissant jusque vers huit à dix semaines, puis s'apaisent vers la fin du troisième mois ou le début du quatrième sous l'effet de la maturation cérébrale et d'une meilleure communication réciproque.

Des observations nombreuses ont mis en évidence que, entre un mois et deux mois, un nourrisson pleure de façon normale une à trois heures par jour. Ces chiffres varient beaucoup d'un enfant à l'autre. Environ un quart des enfants pleurent beaucoup, et la moitié de ceux-là pleurent énormément. Quant à ce que les mères estiment être une durée normale de pleurs, cela varie également beaucoup. A une extrême, on trouve: *« J'imagine que s'il était vraiment heureux il ne pleurerait pas du tout »* et à l'autre : *« Il peut pleurer autant d'heures qu'il veut. Je n'ai pas l'impression qu'il soit malheureux, car entre deux crises il est tout à fait joyeux et éveillé, mais plutôt que c'est sa façon à lui de faire de l'exercice. »*

Ces cris peuvent se répartir différemment selon les jours et selon les bébés. Certains vont pleurer pendant cinq ou six épisodes d'une demi-heure environ, notamment avant les repas et avant de s'endormir. D'autres se réserveront pour une grande crise en fin de journée.

Certains enfants affectionnent particulièrement les heures de nuit. De ces « chouettes », on dit aussi qu'ils « prennent le jour pour la nuit. » Jusqu'à l'âge de deux ou trois mois, un nourrisson qui pleure la nuit s'éveille parce qu'il a faim. C'est très pénible à supporter, mais c'est ainsi. C'est au bébé, et non à ses parents, de décider de supprimer le biberon de deux heures du matin. Plus tard, un réveil de nuit peut être dû à un inconfort (trop chaud, trop soif, nez bouché, etc.) ou une douleur soudaine : les deux méritent que l'on aille voir. Mais attention : il ne faut pas confondre avec le bébé qui pleure en dormant et qui lui ne doit surtout pas être réveillé, ou avec l'enfant plus grand qui a pris l'habitude de jouer avec vous au milieu de la nuit.

Les pleurs de fin d'après-midi ont également une sinistre réputation. La journée se termine, Maman est fatiguée et aspire au repos, Papa rentre du travail ; et c'est l'heure que bébé choisit, lui qui a été si mignon tout à l'heure, pour se mettre à pleurer interminablement, sans que rien ne semble justifier son état. On joue avec lui, on lui parle, on lui propose un biberon, on change sa couche, on le prend dans les bras, mais rien ne le calme durablement. Bébé pleurniche, puis hurle franchement, et rien de ce que l'on tente ne semble suivi d'effet. « L'heure où les lions vont boire » n'est pas seulement une heure délicate pour les bébés : les malades et les personnes âgées y sont également sensibles et traversent alors un moment de dépression. Episode métaphysique ? Besoin de dépenser un surplus d'énergie ? Echo aux tensions ambiantes et à la fatigue de la mère ? Tout cela ensemble, sans doute, et peut-être autre chose. Qui le dira ?

Tous les bébés normaux pleurent. Certains objectivement beaucoup plus que d'autres, même si certains parents supportent mieux les cris que d'autres et donc s'en plaignent moins. Ce sont ces pleurs en excès que nous allons tenter de supprimer en les comprenant mieux et en apprenant à y répondre. Mais il ne faut pas chercher à supprimer tous les pleurs car, encore une fois, ils témoignent de la bonne santé physique et surtout psychique de l'enfant.

N'oubliez pas que les bébés qui pleurent beaucoup sont globalement des bébés plus actifs que les autres (ils ont le temps !) et plus éveillés (n'est-ce pas ?). Ils se développent vite et bien, sur le plan physique comme sur le plan de la communication. On constate chez eux proportionnellement moins de cas de mort subite du nouveau-né. Enfin ils ont tellement réclamé d'attention, on s'est tellement occupé d'eux, qu'ils ne manquent jamais de sollicitations, de câlins, de stimulations ou de conversations.

Quand cette phase des pleurs se termine, vous découvrez un bébé merveilleux, sûr de lui, dont le développement intellectuel est rapide. Les bébés qui pleurent beaucoup sont des bébés très spéciaux qui ont besoin d'une dose supplémentaire d'amour, d'attention et de patience. Mais après, quel résultat !

LE BÉBÉ QUI NE PLEURE PAS

Ce bébé n'est pas l'objet de ce livre pour une raison simple : les parents ne se plaignent jamais au psychologue ou au pédiatre d'avoir un bébé qui ne pleure pas assez. Ils en sont généralement pleinement satisfaits. Pourtant le fait de rester silencieux et de ne pas protester, pour un nourrisson, n'est pas un signe de joie de vivre. Au choix, je préférerai toujours, en tant que mère comme en tant que psychologue, l'enfant qui s'exprime et réclame ce dont il a besoin ou envie, à celui qui reste tranquille au fond de son berceau, sans exiger qu'on lui tienne compagnie. Sentez-vous combien la rage de vivre n'est pas la même chez ces deux enfants ? Celui qui se défoule, qui cherche à communiquer son malaise, qui explore à fond sa capacité à faire du bruit et à faire venir sa mère, et que l'on console de cent façons, celui-là prend confiance en lui et dans le monde.

Le bébé qui ne pleure pas, ou qui ne pleure plus, a-t-il déjà compris que tous ses appels resteront sans réponse ? *« La sagesse »,* disait Françoise Dolto, *« n'est pas pour les enfants, elle est pour les ours en peluche. »* Un bébé trop sage, qui reste souvent seul des heures, est un enfant chez qui on peut soupçonner un problème de développement émotionnel. Cette indépendance apparente, cette gentillesse, est à entendre comme une vraie détresse proche du désespoir. Ne plus communiquer, c'est avoir renoncé à être entendu.

Alors, si vous estimez que votre enfant pleure de manière excessive et que cela vous inquiète souvent, dites-vous que vous auriez beaucoup plus de raisons de vous faire du souci si votre bébé ne pleurait pas. Il aurait les mêmes besoins, bien sûr, que tous les bébés, mais il les garderait pour lui, comme dans un désespoir profond. Le bébé qui pleure n'inquiète pas les psychologues : c'est un bébé qui se construit intérieurement de manière solide, qui sait ce qu'il veut et qui le réclame. Il attend beaucoup de ses parents et de la vie. N'est-ce pas le meilleur moyen d'en obtenir beaucoup ?

Je ne voudrais pas, par un discours trop abrupt, inquiéter inutilement les parents d'un certain nombre de bébés qui ne pleurent pas, mais ne présentent aucun signe de comportement alarmant par ailleurs. Ces bébés qui ne réclament pas sont parfois simplement des enfants remarquablement organisés psychiquement et autosuffisants. Ils savent d'instinct se calmer et patienter. Les parents doivent apprendre alors à interpréter des signes beaucoup plus ténus et discrets de communication, pour apprendre à bien connaître leur enfant et lui donner suffisamment de l'attention dont il a évidemment besoin.

IL FAUT RÉPONDRE AUX CRIS DU BÉBÉ

Il est un discours classique que l'on entend encore tenir parfois : il est normal que le bébé pleure (jusque-là, rien à redire), il en a besoin, donc laissons-le pleurer. La seule raison de ces cris serait la nécessité de « faire ses poumons. » Aussi , une fois assurés que leur bébé n'a ni faim ni mal, les parents pourraient refermer la porte de la chambre sur les pleurs de leur bébé sans l'ombre d'une mauvaise conscience. Le laisser pleurer la nuit serait le meilleur moyen, dès le premier mois, de lui apprendre à faire des nuits complètes. Les parents, contre les experts, prendraient-ils leur bébé dans les bras, qu'ils se verraient menacer de graves retombées : en faire un enfant capricieux, exigeant, gâté, qui pleurerait de plus en plus à seule fin d'être pris dans les bras toujours davantage.

L'objet de ce chapitre est de montrer, au contraire, combien il est important lorsque l'on entend des cris :

— d'aller rapidement voir son bébé;
— de tenter de comprendre ce qu'il exprime;
— de satisfaire sa demande.

POURQUOI FAUT-IL RÉPONDRE ?

Il faut réagir, de préférence rapidement tant que le bébé est très jeune, pour de nombreuses raisons que je vais maintenant passer en revue.

Parce que crier, c'est communiquer

Les pleurs du bébé sont la toute première étape sur le long chemin qui le mène à la maîtrise de la parole, deux ou trois ans plus tard. Au départ, le bébé pleure à la suite d'un malaise, et non directement pour appeler ses parents. Mais c'est parce que ceux-ci répondent que peu à peu s'ébauche un dialogue. C'est grâce à cet échange que les cris du bébé se différencient, deviennent de mois en mois des messages plus spécifiques et laissent finalement la place à une gamme d'expression extrêmement variée.

Ne pas répondre à son enfant, c'est lui laisser entendre que ce qu'il dit n'a pas de sens pour autrui. Si un ami vous appelle à l'aide depuis l'autre bout de l'appartement, ne lui répondez-vous pas ? Ce que vous faites pour un ami, a fortiori il faut le faire pour un petit enfant. Le bébé a besoin de cette parole, de ces échanges de communication, pour se sentir reconnu en tant que personne et devenir pleinement humain.

Parce que répondre réconforte le bébé

Les résultats des études le montrent. Si la mère d'un nouveau-né qui crie beaucoup répond davantage et plus vite à son bébé, si elle lui consacre davantage de son temps, le bébé crie moins. De même que lorsque les parents répondent vite durant les trois ou quatre premiers mois, l'enfant crie moins souvent et moins longtemps dans les mois qui suivent. C'est comme s'il prenait confiance dans la réponse et n'avait donc plus besoin de réclamer aussi vivement.

Dans de nombreuses cultures plus traditionnelles que la nôtre, le bébé ne quitte pour ainsi dire jamais le dos ou le flanc de sa mère pendant les premiers mois de sa vie. Or il est d'emblée frappant, pour tous les gens qui se rendent dans ces pays, que les bébés semblent plus heureux et pleurent infiniment moins. Je ne veux pas dire par là que toutes les mères devraient attacher leur bébé dans leur dos ou lui consacrer cent pour cent de leur temps : c'est culturellement impossible. Je veux seulement pointer le fait que, plus on est proche de son bébé et plus on lui répond vite, moins il a besoin de crier, donc plus calme il devient.

Parce qu'on se sent mieux si on agit

Il existe, entre le bébé et sa mère, ce que les scientifiques nomment « un cordon ombilical sonore. » Cela signifie simplement que la mère est biologiquement programmée pour répondre aux pleurs de son bébé. La meilleure preuve en est qu'entendre son bébé sortir de son sommeil et commencer à crier suffit le plus souvent à déclencher une « montée de lait » chez la femme qui allaite. Ce lien acoustique prend la place du lien physiologique. La mère est « fabriquée » pour répondre à son bébé, ce qui est une bonne chose, et entraîne qu'elle se sent mal si elle ne le fait pas.

Les raisons pour lesquelles la mère se sent mieux si elle répond sont aussi d'ordre psychologique. Rien de pire pour le moral que rester inactive en subissant les cris furieux de son bébé. Dans une situation de stress, et il est clair que les cris du bébé en sont une cause directe, l'action est une stratégie de défense efficace : elle aide à vider l'énergie et la tension accumulées. Jamais je n'ai rencontré une mère subissant sereinement les pleurs inconsolables de son bébé. Or agir, ce n'est déjà plus subir.

Enfin agir permet également, dans une certaine mesure, d'éviter la culpabilité, ce qui est toujours mieux : *« J'ai tout essayé pour le calmer; peut-être qu'après tout il a seulement envie de pleurer un moment... »*

Parce qu'on trouve des solutions qui marchent

Bien sûr, nourrir un bébé qui a faim ou prendre dans ses bras un bébé qui a besoin d'un câlin sont des solutions qui marchent. Chaque fois que les parents trouvent rapidement la raison des pleurs de leur bébé et y répondent, cela « marche. » Mais il arrive que, pour une raison ou une autre, aucune des réponses classiques ne semble satisfaire l'enfant. Dans ce cas, les parents font preuve d'une grande imagination et inventent mille trucs pour distraire leur enfant de ses larmes. Parmi ceux-là, certains vont se révéler efficaces. Pas tous les jours, ni durablement, ni pour tous les bébés, mais enfin suffisamment efficaces pour qu'on ait l'impression d'avoir fait du bien à son bébé et de lui avoir enfin permis de s'endormir. Que ce soit le tour en voiture ou la cantate de Bach, le bruit de l'aspirateur ou le bercement du rocking-chair, je crois qu'il ne faut négliger aucune piste. Tous ont fait la preuve de leur efficacité à un moment ou à un autre. Trouver à quoi son bébé est sensible à tel ou tel moment, c'est aussi apprendre à mieux le connaître.

Parce qu'une réponse rapide est plus efficace

Nous avons vu dans le chapitre précédent que, si les cris des bébés diffèrent selon la cause du malaise, le message se brouille rapidement si l'on n'intervient pas. Toute demande importante non satisfaite, de la part d'un bébé exigeant, aboutit immanquablement à une crise de rage. A ce niveau, non seulement il est difficile de comprendre ce que réclame l'enfant, mais ça l'est encore plus de le satisfaire. Il avait faim tout à l'heure. Maintenant il est en colère et, si vous lui proposez son biberon, il le refusera. Les cris de colère sont difficiles à soulager, si bien qu'ils finissent toujours par évoquer la souffrance et par inquiéter la mère. L'enfant ressent la tension née de cette inquiétude et pleure plus encore. La crise est enclenchée, elle peut durer des heures.

Très souvent, si la réponse correcte avait été apportée plus vite, la situation n'aurait pas dégénéré. Plus les cris durent depuis longtemps, plus ils sont difficiles à soulager. Donc plus la réponse parentale est longue à venir et plus le bébé pleurera longtemps ensuite. Cela seul suffit à justifier que l'on intervienne rapidement, notamment dans le cas des bébés de moins de deux mois.

Pour transmettre une bonne image du monde

Le bébé ne sait rien du monde auquel il vient de naître. Dans les premiers mois de sa vie, il va s'en construire une image. Mon expérience de psychologue me laisse penser que cette image-là va s'inscrire profondément dans le psychisme de l'individu en devenir et influencer beaucoup la suite des événements.

Mettons-nous une minute à la place du bébé. Il ressent un malaise. Il l'exprime par des cris. Rapidement, une « présence » se manifeste. Parfois elle a le pouvoir d'apaiser rapidement parce qu'elle repère la source d'inconfort, d'autres fois non. Mais toujours elle parle d'une voix douce, essaie de comprendre, manifeste de l'affection et fait tout ce qui est en son pouvoir pour soulager. Rien que cela aide à supporter le malaise. Le bébé se sent compris, aidé. Il n'est pas seul. Ce monde est accueillant, sait le reconnaître en tant qu'individu distinct et lui faire sa place. Il fait bon y être. Cette « personne » qui vient le consoler sent vraiment bon et c'est quelqu'un à qui l'on peut faire confiance.

N'est-ce pas sur des bases comme celles-ci que l'on aimerait que tous les bébés démarrent leur existence ? Et non sur la triste image d'un monde où un tout-petit peut pleurer des heures sans que l'on vienne répondre à sa détresse et tenter de soulager sa peine. Quel monde est ce monde où l'on doit être « dressé » à un mois, « patient » à six semaines et « autonome » à deux mois ? Quelle est cette société qui traite les bébés aimés d'enfants « gâtés », comme on dit des fruits lorsqu'ils pourrissent ?

LE MYTHE DE L'ENFANT GÂTÉ

Une mère rentre de la maternité avec son bébé. Il semble pleurer beaucoup dans les jours qui suivent. A chaque fois, elle a l'impulsion de répondre aux cris, qui l'attirent ou la réveillent dès le premier vagissement, mais chaque fois elle se souvient de ce qui lui a été dit et se pose la question : *« Dois-je vraiment y aller et le prendre dans mes bras ? S'il n'a rien de grave, ce n'est pas un service à lui rendre de le prendre toujours dans les bras. Si je me précipite à chaque fois, il n'apprendra jamais à faire ses nuits ! »* Alors elle hésite, voudrait être sûre que son bébé pleure pour une « bonne raison » et ne sait plus du tout comment agir.

Je me souviens d'une maman d'un petit Michel âgé de deux mois me disant : *« Mon bébé ne pleure que pour attirer mon attention. Alors je l'ignore, je fais semblant de ne pas entendre. J'ai déjà fait cela pour l'aîné : il a vite compris et s'est calmé. »* Elle avait repéré cette « manipulation » au fait suivant : son bébé pleurait ; si elle le prenait dans les bras, il s'arrêtait ; si elle le reposait, il recommençait à pleurer. Aussi en avait-elle déduit qu'il pleurait « pour rien », c'est-à-dire seulement pour être pris dans les bras, ce qui, à ses yeux, n'était pas une raison suffisante.

Mon opinion est que, si le bébé pleure, c'est

qu'il a une raison pour cela. Le fait qu'il se calme lorsqu'on le prend dans les bras peut s'expliquer de deux façons. Soit cela le soulage temporairement de son malaise et distrait son attention. Le petit bébé ne pouvant se concentrer sur deux sensations à la fois, celle de la chaleur humaine a pris le dessus, pour un petit moment, sur le malaise précédent. Soit le bébé pleurait effectivement pour exprimer le besoin d'être porté, câliné, bercé, ce que je trouve une raison tout à fait respectable et justifiée par le fait qu'il s'agit là de l'un de ses besoins de base.

L'enfant gâté est supposé faire des « caprices », c'est-à-dire exprimer rageusement le besoin d'une chose qui n'est qu'un désir passager, cela dans le but d'embêter sa mère. Cela existe peut-être mais ne peut en aucun cas s'appliquer au bébé de moins de trois mois. Il s'agit d'un mécanisme trop sophistiqué pour être à sa portée. Le bébé ne se « dit » pas : *« Tiens, si je pleurais un coup pour appeler ma mère, ce serait plus amusant que de dormir... »*, parce qu'il ne se dit rien du tout. Il pleure parce qu'il ressent un malaise ou pour se calmer, c'est tout.

Non seulement on ne donne pas de « mauvaises habitudes » à un bébé que l'on prend dans ses bras et dont on tient compte des cris, mais c'est l'inverse qui est dangereux. C'est ne pas répondre à un bébé qui risque d'en faire un enfant gâté. Ses besoins de base n'étant pas satisfaits, il va devoir développer d'autres stratégies pour les faire prendre en compte, notamment en pleurant ou en réclamant davantage, de jour comme de nuit. Si, comme le petit Michel, il choisit de ne plus appeler, c'est encore plus triste. Dès son plus jeune âge, il a appris qu'il ne sert à rien de demander ce que la vie vous refuse et qu'il n'est pas assez aimable (apte à être aimé) pour être digne d'attention. Il a perdu toute confiance en lui, en ses parents et peut-être en cette vie.

Je ne voudrais pas terminer ce chapitre sans préciser trois points :

- Même si mauvaises habitudes il y a (et il y en aura certainement peu si vous lisez ce livre jusqu'au bout sans vous arrêter à ce chapitre), vous vous en rendrez compte lorsque l'enfant aura cinq ou six mois. Si, alors, il continue à vous réveiller ou à vous faire venir alors qu'il pourrait très bien se débrouiller seul ou au moins patienter, il vous suffira de quelques jours, où vous poserez des règles simples, cohérentes et logiques, pour que tout rentre dans l'ordre.

- Ce n'est pas parce qu'il est meilleur pour le bébé qu'on lui réponde qu'il faut pour autant le laisser détruire durablement la santé et le moral de sa mère ou la solidité du couple parental. Dans certains cas, les pleurs du bébé sont tels qu'ils transforment les parents en esclaves, ce que tous ne sont pas à même de vivre sereinement. L'horaire doit être vivable pour tout le monde :

personne ne peut tenir longtemps en ne dormant que quatre heures par nuit, ou en se levant toutes les deux heures. Répondre au bébé, oui, mais le laisser ruiner l'équilibre familial, non. Lui-même n'aurait rien à y gagner. Il faut donc savoir raisonnablement établir des priorités, en tenant compte de tous les éléments.

■ Répondre chaque fois et rapidement est valable pour le bébé très jeune (0 à 3 mois environ). Ensuite, les règles du jeu peuvent changer progressivement et l'enfant commencer à apprendre à patienter ou à se calmer lui-même.

LE BÉBÉ APPREND À SE CALMER SEUL

Dans les premières semaines, il est très difficile, nous l'avons vu, de donner un sens aux pleurs du bébé et il est important d'y répondre rapidement. Mais au fur et à mesure que l'enfant grandit, un rythme et des habitudes s'installent. Ses pleurs se différencient et il devient beaucoup plus aisé de leur donner un sens. L'enfant, de son côté, comprend aussi beaucoup mieux ce que les parents expriment. Il devient alors possible de ne plus répondre de manière systématique aux cris de l'enfant.

Il est toujours indispensable, bien sûr, de satisfaire rapidement les besoins de base du bébé : il n'est pas question de ne pas le nourrir lorsqu'il a faim. Mais il devient possible de lui apprendre à attendre un peu lorsque le biberon n'est pas prêt ou à se contenter d'une réponse verbale lorsque les parents ne sont pas immédiatement disponibles. Enfin, il est temps de permettre au bébé d'apprendre à se calmer seul. Cela est tout aussi important dans la journée, où vous ne pouvez, pendant des mois, être toujours disponible pour bercer et soulager, que pendant la nuit où il est temps que chacun puisse dormir un nombre d'heures suffisant.

A partir de trois mois, voire deux, il est possible, et même souhaitable de ne pas répondre aussi vite à l'enfant, ou pas de la même façon. Une réponse verbale est parfois suffisante, même donnée d'une autre pièce : *« Je sais que tu es réveillé et que tu en as assez d'être dans ton lit, mais attends une minute; je finis de me coiffer et je suis à toi. »* Parfois, parler au bébé en allant près de lui, puis lui masser le dos ou le changer de position, peut lui permettre également de patienter un peu. Il n'est pas toujours indispensable d'enclencher le « plan d'urgence. » Avant de s'impliquer dans une réponse complexe (par exemple le lever, le changer, le nourrir, etc.), il est bon d'essayer des réponses plus légères qui offrent à l'enfant davantage d'opportunités de se calmer seul. Tout dépend du message qui est derrière le cri et si l'enfant fait des tentatives pour se calmer ou non. Seules l'expérience, l'intuition et la connaissance de ce bébé précis peuvent permettre d'intervenir à bon escient.

L'idée fondamentale est que l'enfant peut, à partir d'un certain âge, apprendre à différer ses désirs et à se calmer lui-même, au moins temporairement. Si on ne lui en donne jamais le temps, il n'apprendra pas. Certains enfants vont, d'eux-mêmes, développer des stratégies personnelles comme sucer leur poing ou leur doigt, d'autres vont fixer un endroit du mur, ou se livrer à un mouvement précis, etc.

Apprendre à se calmer seul peut demander quelques semaines, mais l'enfant qui y parvient se sent généralement beaucoup mieux de ce nouveau pouvoir. Les parents également : ils n'ont plus à se lever la nuit pour remettre la tétine dans la bouche du bébé ou pour arpenter l'appartement en le portant sur l'épaule en attendant qu'il veuille bien se rendormir. Le bébé n'est pas pour autant devenu « autonome. » Il a toujours besoin que ses parents fassent pour lui ce qu'il est incapable de faire : le changer, le nourrir, le distraire, le promener, etc. Mais il devient progressivement capable, en quelques minutes, de ne plus avoir besoin de personne pour apaiser ses cris, puis les arrêter, se calmer et éventuellement se rendormir.

Le mécanisme par lequel l'enfant apprend à se calmer lui-même est complexe. Il s'appuie sur certaines techniques propres à chacun, que l'enfant utilise lorsqu'il se sent « désorganisé », ou comme morcelé par ses cris, afin de se « récupérer », de ne plus faire qu'un à nouveau. Le bébé qui se calme seul exerce un contrôle sur ses propres réactions aux événements qui l'ont fait pleurer. Il devient moins dépendant de la disponibilité et de la compréhension de ses parents. Cela, sans aucun doute, aide à développer en lui un sentiment de sécurité et de compétence.

Différer ou modifier la réponse que l'on apporte aux cris de son enfant n'est en aucun cas la même chose que le laisser pleurer pour qu'il fasse ses poumons ou afin qu'il ne devienne pas capricieux. Il s'agit de lui faire suffisamment confiance, à partir d'un certain âge, pour lui laisser le temps de découvrir par lui-même les merveilleuses compétences qui sont les siennes. L'aptitude à se calmer est l'une d'elles, que l'enfant s'approprie progressivement.

LES ATTITUDES À ÉVITER

Si l'on voulait résumer la partie de ce livre consacrée à l'intervention, ou, d'une manière plus générale, au type de réponse à apporter aux cris du bébé, cela pourrait se faire en trois points.

Laisser pleurer son bébé

Inutile d'y revenir : j'ai assez expliqué pour quelles raisons il était souhaitable, dans la mesure du possible, de répondre à son bébé de manière rapide et appropriée, spécialement de sa naissance à deux ou trois mois. Le laisser pleurer ne l'aiderait pas à faire ses poumons, ne lui apprendrait pas à moins pleurer (ou bien à quel prix psychologique !), ne lui assurerait pas un meilleur caractère et ne soulagerait pas davantage ses parents.

Trois cas seulement justifient que l'on laisse pleurer dans son lit le très jeune bébé :

- **Il pleure dans son sommeil.** Aller le voir

et le prendre pour le consoler ne ferait que le réveiller et l'amener à pleurer vraiment. Il va se calmer seul en une ou deux minutes.

- **Il pleure de fatigue.** C'est sa façon à lui de décharger la tension de la journée et de se détendre en glissant progressivement dans le sommeil. Les pleurs vont diminuer d'intensité et se ralentir en petits hoquets. L'enfant va s'endormir en cinq ou dix minutes.

- **Les parents sont tellement épuisés** et fragilisés nerveusement qu'ils sentent qu'ils pourraient en venir à réagir de manière agressive vis-à-vis de leur bébé. Si on ne se sent pas à même d'apaiser son enfant parce que l'on se sent soi-même trop tendu, mieux vaut encore lui laisser la chance de se calmer seul.

Le conditionner à ne plus pleurer

Il existe, notamment aux Etats-Unis, mais cela ne tardera pas à se répandre en Europe, une théorie selon laquelle pleurer n'est pas, pour l'enfant, un comportement inné mais un comportement acquis. Le bébé a appris à pleurer. Comment ? Les premières fois, il a pleuré pour un vrai malaise (une douleur, la faim, etc.). Cela a provoqué la venue immédiate de sa mère. Chaque fois qu'il a pleuré, de jour comme de nuit, il en a été « récompensé » par des câlins, un biberon, du temps dans les bras, etc. Pourquoi ne recommencerait-il pas de plus en plus souvent ?

Ce qui est appris pouvant être « désappris », ces auteurs vous expliquent la façon de « déconditionner » le bébé, ou plus exactement de le conditionner à ne plus pleurer. Le principe est le suivant. Dès que votre bébé est éveillé et calme, vous lui faites entendre un morceau de musique que vous avez au préalable choisi et vous le prenez avec vous. Dès qu'il pleure, vous le reposez dans son berceau et vous arrêtez la musique. Le bébé apprend ainsi que, s'il veut le plaisir de ses parents et de la musique, il ne doit pas pleurer. Cela est fort bien et « marche » effectivement. La musique agit comme une récompense. Le bébé qui pleure est laissé dans son berceau, comme une punition, jusqu'à ce qu'il cesse de pleurer.

Le fait que la méthode donne effectivement des résultats justifie-t-il son emploi ? Je crois qu'en aucun cas la fin (la faim ?) ne justifie de tels moyens. Un bébé est plus complexe qu'un chien que l'on conditionne à saliver à l'écoute d'une sonnette. Les pleurs ne s'apprennent pas mais permettent de communiquer; communiquer, en revanche, s'apprend à condition qu'il y ait échange. Effectivement, l'enfant ainsi traité apprend à ne plus pleurer, mais il apprend aussi le désespoir et l'absence de pouvoir sur le monde, puisque aussi poignants que soient ses cris, personne n'y répond. Je préfère de loin le bébé optimiste qui sait qu'il vit dans un monde où, lorsque l'on a un problème, on peut se faire aider.

Ne jamais le laisser pleurer

Ce conseil n'est paradoxal et ne contredit le premier qu'en apparence. Comme nous l'avons vu précédemment, il est bon, à partir de deux mois environ, de laisser au bébé l'opportunité, lorsque rien de grave ne justifie que l'on se précipite, d'expérimenter l'attente et la frustration. Il n'est pas bon d'empêcher à tout prix son bébé de pleurer en le surprotégeant et en se précipitant au moindre de ses appels. Une certaine quantité de pleurs est nécessaire à son bon développement. Seuls les pleurs en excès et apparemment inconsolables posent problème.

Aucune mère n'a à être parfaite, sous peine de compromettre le devenir psychique de son bébé. L'expression « mère suffisamment bonne » a été employée par les psychologues pour décrire la mère qui répond généralement de façon positive aux besoins de son bébé. Cela signifie qu'elle prend plaisir à être la mère de cet enfant-là, à le nourrir, à le câliner et à le changer, qu'elle répond à ses pleurs de faim, de douleur ou de solitude, qu'elle fait preuve de patience et de compréhension. Mais la mère « suffisamment bonne » n'est pas que douceur, tendresse et bonté. Elle est aussi capable de procurer à son enfant une certaine structure psychologique et même de lui fournir une dose optimum de frustration. Elle ne fait pas pour lui des choses qu'il peut commencer à faire pour lui-même et par lui-même, comme se calmer par exemple. Elle l'autorise à grandir, même si cela signifie s'éloigner d'elle, et à être différent de ce qu'elle aurait aimé qu'il fût.

LES COLIQUES DU NOUVEAU-NÉ

Ce symptôme est au centre de cet ouvrage. Il touche environ dix pour cent des nouveau-nés entre deux semaines et trois mois. Dans certains cas graves, mais heureusement rares, les coliques peuvent durer jusque cinq ou six mois. Les bébés qui en sont atteints pleurent énormément, sans que l'on puisse en connaître la cause ni que l'on puisse déceler un signe précis de douleur. Personne ne connaissant la cause des coliques, il n'existe pour elles aucun traitement médical. Des dizaines d'hypothèses ont été avancées, puis abandonnées, aucune cause physiologique n'ayant pu être mise en évidence. Aujourd'hui, la responsabilité des coliques est souvent mise au compte de l'anxiété maternelle.

LE BÉBÉ EN BONNE SANTÉ QUI PLEURE EN EXCÈS

Ceci est la meilleure définition que l'on puisse donner du bébé souffrant (?) de coliques. Malgré la grande agitation et les insomnies, ces bébés se développent fort bien sur tous les plans et font souvent preuve d'un solide appétit.

Chaque enfant a son style. L'un pleurera surtout après les repas, comme s'il avait du mal à digérer. Un autre pendant toute la journée, mais dormira fort bien la nuit. Un troisième pleurera surtout la nuit, ce qui est le plus difficile à supporter pour les parents. D'autres encore, c'est le cas le plus fréquent, pleureront en fin de journée, pendant plusieurs heures de suite, de manière inconsolable. Dix-sept à vingt-deux heures est une tranche horaire particulièrement sensible.

Les parents de ces bébés sont en général épuisés, inquiets et malheureux. Ils ne peuvent s'empêcher de se dire que quelque chose « doit » aller mal pour que leur petit se mette dans un tel état. Certains appellent le SAMU, pour s'entendre dire que leur bébé est en parfaite santé… Car c'est bien là peut-être le plus étonnant et le plus rassurant : les coliques, pour difficiles à supporter qu'elles soient, ne sont jamais graves et ne témoignent jamais d'une maladie sous-jacente. Une visite chez le pédiatre rassure généralement les incrédules. Les coliques ne laissent pas non plus de séquelles et ne présagent aucunement du tempérament futur de l'enfant. Comme l'a si bien dit le docteur William Sears, « *les coliques sont quelque chose que l'enfant fait, non quelque chose qu'il a; il s'agit d'un comportement et non d'une maladie.* »

Comment savoir si votre bébé souffre de coliques? Voilà les critères fiables :

- Il pleure beaucoup et semble mal à l'aise. Le pédiatre dit que tout est normal, mais le bébé continue néanmoins à pleurer plus de deux heures par jour.
- Le nourrir, le bercer, le promener, le masser, etc., sont des attitudes qui semblent lui faire du bien, mais qui ne le calment que très temporairement.
- Les cris commencent et se terminent soudainement, sans raison apparente dans un cas comme dans l'autre.
- Les cris sont difficilement différenciables, mais ressemblent à une douleur intestinale violente.
- Ils surviennent n'importe quand, mais avec une préférence pour la fin de journée.
- Le corps du bébé exprime une tension interne.
- Le bébé est de caractère très sensible et excitable.

Ou bien on peut aussi dire, comme cette maman épuisée : *« Vous vous demandez si votre bébé a des coliques ? C'est qu'il n'en a pas ! S'il en avait, vous n'auriez aucun doute... »*

Il est très possible, si votre bébé a des coliques, que vous-même, à un moment ou à un autre, ayez besoin d'aide. Il est pour cela très important de choisir votre interlocuteur. S'il s'agit d'un médecin, assurez-vous qu'il prend au sérieux votre problème et celui de votre bébé. Une aide réelle peut vous être apportée par quelqu'un qui saura vraiment vous écouter et vous comprendre, et non vous renvoyer sous le prétexte que votre bébé est en bonne santé. A condition également que votre interlocuteur ne tombe pas dans un des travers énoncés ci-après sous le nom de fausses croyances. Il doit vous inspirer confiance, avoir tout le temps de vous écouter, savoir vous soutenir et répondre honnêtement à toutes vos questions.

LES FAUSSES CROYANCES

Peu d'affections infantiles ont donné lieu à autant de littérature médicale et psychologique depuis des siècles que les coliques. De très nombreuses hypothèses ont été avancées, et il s'est toujours trouvé de nombreuses évidences pour les contredire. Au rayon des fantaisies, on a trouvé : la syphilis, l'infection urinaire, la suralimentation, l'appendicite, la fissure anale, l'invagination intestinale, etc.

Contrairement à ce qui a été dit, les coliques ne sont pas plus le fait des aînés que des cadets, des garçons que des filles. Elles n'ont rien à voir avec la classe sociale ou avec l'âge de la mère. Elles ne signifient pas que l'enfant est trop gâté ou qu'il n'est pas assez nourri. Aujourd'hui, les théories psychologiques sont les plus en vogue, notamment celles qui mettent en cause la mère. Voyons, parmi toutes ces théories, celles qui survivent encore aujourd'hui.

Le biberon ou le sein

A l'inverse de l'allaitement présenté comme une panacée, le biberon a souvent été considéré comme responsable des coliques. Tétine trop fermée ou trop ouverte, lait mal adapté (on change de marque, mais le bébé malheureusement n'en tient aucun compte), allergie aux protéines de vache, etc. Les études montrant une mauvaise réaction au lait utilisé étaient généralement effectuées sur des échantillons de bébés incluant ceux qui souffrent de diarrhées ou de vomissements. Ce qui biaise les résultats. En effet, il faut répéter que le bébé qui a des coliques est un bébé qui ne présente aucun problème d'ordre médical et aucun autre symptôme que ceux de ses pleurs excessifs. Parmi cet échantillon strict, aucun résultat significatif ne permet d'affirmer que le bébé digère mal son lait et qu'il faut changer de marque.

La mère qui allaite n'est pourtant pas toujours hors de cause : son bébé tète-t-il dans une bonne position ? Son lait est-il assez riche ? En a-t-elle assez ? Le donne-t-elle au bon moment ? Le régime maternel a été également mis en cause. Ne contient-il pas trop de lait de vache, ou trop de caféine qui énerverait le bébé ? En fait, modifier le régime alimentaire de la mère n'a jamais modifié significativement la quantité de pleurs de ces bébés.

Les gaz

Le bébé pleurerait parce qu'il souffrirait de la présence d'air dans ses intestins. C'est une théorie très courante qui s'appuie sur le fait que le bébé qui a des coliques a, en effet, très fréquemment des gaz. Mais dire que cela est la cause des pleurs est comme mettre la charrue avant les bœufs. Le bébé qui souffre de coliques ne pleure pas parce qu'il a des gaz, mais c'est parce qu'il pleure énormément qu'il a des gaz. En pleurant, il avale de l'air, qui passe ensuite dans l'abdomen, créant une tension, et se retrouve finalement dans le rectum. D'ailleurs aucun de ceux qui affirment cette théorie n'est en mesure d'expliquer pourquoi ces bébés-là ont plus de gaz que les autres ni pourquoi ils en souffrent davantage.

D'autres médecins ne parlent pas de gaz, mais de « crampes abdominales » dont on ne précise par ailleurs ni l'origine ni la cause de leur disparition soudaine autour de trois mois.

L'immaturité du système nerveux

Dans cette théorie, les coliques du bébé seraient dues tout simplement à une immaturité du système nerveux qui s'arrangerait avec le temps. Les pleurs ne seraient pas dus à la douleur mais à une sensibilité extrême. Le bébé pleurerait en réaction à un excès permanent de stimulation. Il n'y aurait donc rien à faire qu'à attendre patiemment que le bébé mûrisse.

Tout ce que les parents essaient pour calmer leur bébé (le prendre dans les bras, lui chanter une chanson, lui masser doucement le dos, etc.) ne ferait en fait que renforcer le problème en augmentant encore la dose de stimulation reçue par le bébé. Celui-ci ne demanderait (en vain) qu'à pleurer en paix dans son lit. Seul le temps arrangerait les choses.

Cette théorie, certainement intéressante par certains aspects, notamment sur l'hypersensibilité des bébés prématurés, rassure peut-être les parents sur leur compétence (ils n'y sont pour rien et ne peuvent rien faire) mais les laisse absolument sans aide face aux pleurs déchirants de leur bébé. Compte tenu du fait que cette théorie n'est qu'une hypothèse et qu'il ne résulte jamais aucun bien, ni pour le bébé ni pour le parent, de laisser pleurer et de retenir ses élans affectueux, je ne saurais que vous recommander la plus grande prudence face à ce type de conseils.

L'anxiété maternelle

La théorie actuellement la plus en vogue met les coliques du bébé sur le compte d'un malaise dans la relation mère-bébé. La mère, trop anxieuse et incapable d'interpréter correctement les pleurs de son bébé, l'entraînerait dans un cercle vicieux : une réponse inappropriée entraînerait un surcroît de demande et de tension interne, lesquels inquiéteraient encore davantage la mère, le bébé répondrait à cette anxiété, etc.

Critiquer une mère dont le bébé pleure de manière excessive, lui dire que c'est sa faute parce qu'elle se permet de ne pas être totalement détendue, sereine et sûre d'elle, lui affirmer que ses propres problèmes psychologiques sont la cause de ceux, apparemment évidents, de son bébé, c'est non seulement ne rien arranger à la situation, mais encore blâmer la victime. Pas étonnant que la mère soit anxieuse avec un enfant qui pleure autant ! Qui ne le serait !

Mais encore une fois, cause et conséquence sont mélangées : la mère est anxieuse et inquiète parce que son bébé pleure et non l'inverse (même si, à terme, l'anxiété de la mère n'arrange rien, au contraire). La mère, déjà peu sûre d'elle et inexpérimentée, est coupable si son bébé pleure, coupable si elle le berce trop, coupable si elle ne lui répond pas comme il faut, coupable si elle ne peut le calmer, coupable si elle n'allaite pas, coupable si, allaitant, elle fume ou boit du café ou mange du chou, coupable si elle se fait trop de soucis pour lui, ... Stop!

Aucune évidence ne vient soutenir cette théorie. Que la mère soit anxieuse et manque de confiance en elle au départ, c'est bien normal. Cela fait partie de ce que Winnicot nomme « la préoccupation maternelle primaire », et c'est ce mécanisme qui lui permet d'être aussi attentive et efficace. Mais aucune des études sérieuses menées sur la personnalité des mères de bébés avec coliques ou de bébés criant peu n'ont pu mettre en évidence de différences significatives.

Il est exact que, sur le plan clinique, on peut rencontrer des cas où le mauvais démarrage de la relation mère-enfant peut expliquer les pleurs du bébé, mais en aucun cas cela ne permet de faire une théorie générale visant à culpabiliser les mères encore davantage. Comment expliquer, si l'anxiété était la cause des pleurs, que le quatrième enfant d'une mère de famille nombreuse ait des coliques? Pour quelle raison aurait-elle soudainement changé de personnalité?

Des pleurs de bébé, plusieurs heures par jour et par nuit, cela crée indubitablement des tensions dans la maison. Il faudrait avoir la peau bien épaisse pour qu'il en soit autrement. Demandez donc aux pères ce qu'ils en pensent et voyez s'ils ne deviennent pas tendus eux aussi… Comme a dit récemment un pédiatre à la mère d'une petite fille avec des coliques : *« Pourquoi êtes-vous aussi tendue ? Votre bébé va très bien ! Relaxez-vous donc et tout ira mieux ! »* Sur le chemin du retour, elles étaient deux à pleurer… Quand cette maman m'a téléphoné, elle était effondrée : *« Je fais tout mal, je rate tout. Jamais je n'aurais dû avoir de bébé, je n'étais pas faite pour cela. Je ne peux plus supporter ses pleurs, cela me donne envie de hurler. Je croyais que le médecin me donnerait une solution, mais c'est pire. C'est moi qui la fais pleurer et je ne sais même pas comment. Je lui fais du mal en voulant lui faire du bien. Peut-être qu'elle ne m'aime pas, qu'elle n'aime pas que je m'occupe d'elle. J'ai envie de fuir au bout du monde. »*

LE TEMPÉRAMENT DU BÉBÉ

Une étude approfondie des bébés aux pleurs chroniques ainsi que des échanges répétés avec leurs mères montrent qu'il existe deux sortes de tempérament que l'on rencontre souvent. A l'intérieur de ces deux groupes, les bébés ont des types de personnalité apparemment similaires, en tout cas avec beaucoup de points semblables, et différents de ceux des autres bébés. Un groupe est composé par les bébés hypersensibles, qui réagissent très fortement à la moindre stimulation et demandent excessivement de calme, de douceur et de tranquillité. Formé essentiellement de bébés prématurés ou nés à terme mais de petit poids, je les distinguerai, malgré la quantité importante de leurs pleurs, du reste du groupe. Les solutions, pour eux, sont particulières et feront l'objet d'un chapitre à part.

Le second groupe est constitué des enfants à coliques proprement dits. Comme les premiers, ils réagissent fortement à toute stimulation, mais, contrairement à eux, il semble que l'on n'en fasse jamais assez pour les satisfaire. Avec ceux-là, vous n'aurez jamais fini de bercer, danser, bavarder, monter et descendre les escaliers, etc.

Voyons quels sont les traits qui les caractérisent :

- Ces bébés sont facilement tendus et hypertoniques. Le corps est rarement en relaxation. Les gestes sont vifs. Mais ils sont aussi très actifs et semblent sans cesse en mouvement. Rapidement tendus mais longs à détendre.

- Ils sont très sensibles à l'environnement. Ils réagissent plus que d'autres à l'échange, aux étrangers, au bruit, à la lumière. Une sonnerie de téléphone peut les tirer du sommeil, mais aussi le grincement de la porte de la chambre ou les pas de quelqu'un marchant sur la pointe des pieds. Ils semblent en permanence en alerte. La lumière est également une gêne pour leur détente et leur sommeil, surtout si elle se trouve au-dessus de leur lit.

- Ces bébés sont très éveillés et, lorsqu'ils ne pleurent pas, se montrent des compagnons très agréables parce que semblant comprendre beaucoup de choses et apprendre très vite.

- Certains semblent avoir besoin de moins de sommeil que la plupart des bébés. D'autres, au contraire, dorment très bien, exténués d'avoir tant pleuré.

- Ces bébés sont impatients. Ils supportent mal d'avoir à attendre que leur biberon chauffe ou que leur parent ait fini de téléphoner. Ce qu'ils veulent, ils le veulent tout de suite.

- Cela donne une idée de leur exigence, également, et de leur obstination. Si leur demande n'est pas satisfaite dans un bref délai, ils vont la répéter de plus en plus fort. Ils ne manquent jamais de désirs ou de besoins qu'ils sont incapables de satisfaire seuls. Ils ne renoncent pas, ce qui témoignent de la force de leur caractère.

- En grandissant, une fois les coliques passées, ces bébés se révèlent le plus souvent des enfants alertes, éveillés, intelligents et curieux. Ils se développent vite physiquement et intellectuellement. Bref, des bébés passionnants et merveilleux.

MAUVAISE COMMUNICATION ET FRUSTRATION

Si toutes les causes des coliques que nous avons envisagées jusqu'ici relèvent, comme nous l'avons vu, des fausses croyances, le tempérament de ces bébés nous livre une clé ouvrant la voie à un début, non d'explication, mais de compréhension du mécanisme des coliques. Quant aux parents de ces bébés, non seulement ils ne sont pas en faute, mais ils sont le plus souvent des parents très attentionnés. Profondément concernés par le bien-être de leur bébé (la lecture de ce livre en est la preuve), ils souffrent profondément de ses cris et ont beaucoup de mal à les accepter. Ils ont, concernant leur enfant, des idées et des attentes. Ils ont fait des rêves et des projets, mais leur bébé réel est différent de ce qu'ils imaginaient, ou différent de ses aînés, et l'ajustement n'est pas toujours facile.

Le mécanisme des coliques, complexe, peut être conçu comme l'interaction, ou plus précisément l'enchaînement, de plusieurs facteurs que nous allons passer en revue.

Le tempérament du bébé

Nous venons de le voir : l'enfant qui a des coliques est particulièrement exigeant et déterminé. La patience n'est pas sa qualité principale et il s'agite très vite. Enfin, ses pleurs sont irréguliers et particulièrement difficiles à interpréter, même pour une oreille attentive et expérimentée. Ce bébé, donc, demande beaucoup. Pour envoyer son message et exprimer un besoin spécifique, il crie.

La réponse des parents

Les parents ont des attentes précises concernant leur enfant et des idées toutes faites. Par exemple : *« Un bébé ne peut avoir faim moins de deux heures après le repas précédent »*, *« Un bébé qui pleure, c'est un bébé qui a faim »*, *« Un bébé ne doit pas dormir dans la chambre de ses parents »*, ou encore *« Un bébé doit dormir dans le lit de ses parents »*, etc. Les parents, concernés par leur bébé, ont lu beaucoup de livres sur les bébés. Ils ont reçu des tas de conseils des amis et de la famille. Ils ont déjà des enfants aînés dont ils n'ont pas oublié le comportement. Ils ont des désirs d'éducation concernant leur enfant et pensent qu'il n'est jamais trop tôt pour lui donner de bonnes habitudes. Ils veulent en faire un être social et conforme.

Pour toutes ces raisons, et parce que les cris de ce bébé sont difficiles à comprendre, les parents vont répondre « à côté de la plaque », c'est-à-dire qu'ils vont mal interpréter le message de leur bébé. Ils vont spontanément tenter de lui appliquer un schéma existant plutôt que de le comprendre et de chercher à le connaître lui, dans sa spécificité. Bien souvent, il s'agit d'un manque de confiance en soi : les parents appliquent les recettes lorsqu'ils n'osent pas faire confiance à leur instinct ou à leur intuition. Pour une raison ou pour une autre, leurs attentes prennent le pas sur les préférences du bébé.

Retour au tempérament du bébé

Un bébé normal, à ce stade de l'échange, abandonnerait la partie, modifierait sa demande, se contenterait de ce qu'on lui offre ou attendrait que ses parents finissent par comprendre ce qu'il veut. Mais ce bébé, nous l'avons dit, est impatient et exigeant. Si son désir n'est pas satisfait, il va s'entêter et crier de plus en plus fort. Le bébé, qui pleurait auparavant de faim ou de solitude, pleure maintenant de rage, et cette rage est bien difficile à calmer.

Parfois les parents vont se fier à une théorie ou à une autre et mettre la crise de leur enfant sur le compte de l'immaturité de son système nerveux, sur le fait qu'il a mal au ventre ou encore qu'il est décidément trop gâté. Selon le cas, ils vont donner une bouillotte, bercer ou attendre que cela passe. Parents et enfant ne se sont pas compris et les deux se sentent mal.

D'autres fois les parents, sentant que la raison des cris devait être autre, essaient différentes solutions. Ils vont « tout » essayer : nourrir, bercer, changer, coucher, balancer, etc., mais tout cela prend trop de temps pour ce bébé impatient. Ils vont finir par tomber sur la bonne réponse, mais elle ne « marchera » plus. A ce moment-là, le bébé est tellement emporté par ses cris qu'il ne peut plus se calmer aussi simplement. La raison des cris a changé entre-temps : quel que soit le premier besoin, c'est maintenant de frustration et de colère que pleure l'enfant. Il pleure de pleurer, et va avoir du mal à se récupérer, simplement parce qu'il est fait ainsi. La réponse des parents, perdue au milieu des cris, a bien du mal à « passer. »

La frustration

C'est, à mon avis, le dernier élément et peut-être le plus déterminant de la crise de coliques. Frustration des parents, d'abord, qui ressentent douloureusement leur impuissance à satisfaire leur bébé. Mais frustration du bébé, surtout, dont on a souvent du mal à estimer l'ampleur. Le bébé est frustré de ne pas obtenir ce qu'il réclame, non seulement parce que ses parents ne le lui fournissent pas toujours au bon moment, mais surtout parce qu'il est impuissant à se le procurer lui-même.

Un bébé qui a des coliques est souvent un bébé vigoureux et plein d'énergie. Ses besoins et ses désirs sont nombreux et intenses. Malheureusement, il est très vite confronté aux idées des adultes sur la façon dont il doit se comporter et au désir de le contrôler. Notre société impose que les enfants, dès leur plus jeune âge, soient autonomes, sociables, éduqués, conformes, performants, prévisibles, heureux. Le bébé, qui n'a pas lu tous les livres et ne sait pas encore dans quel pays il a atterri, a plutôt tendance à suivre ses propres pulsions et la voix de ses besoins biologiques. Comme il est de tempérament fort, mais trop immature pour satisfaire lui-même ses propres besoins, la tension va commencer. Le bébé a de nombreux désirs, mais aucun moyen d'être indépendant. Prisonnier de son berceau, il enrage lorsqu'on ne comprend pas ou lorsqu'on ne veut pas aller dans son sens.

Les adultes ont de nombreux moyens de vider leur tension interne, lorsqu'ils se trouvent pris dans des conflits de pouvoir ou lorsqu'ils se sentent piégés dans des situations d'où ils ne peuvent sortir. Le bébé lui, n'en a qu'un : crier. C'est en quelque sorte le seul moyen qu'il a à sa disposition, et dont il puisse disposer librement, pour soulager les tensions internes liées à son immaturité et à son impuissance. Il est impossible d'empêcher un bébé de crier : c'est sa liberté, là où il échappe à notre contrôle.

Lorsque l'on devient capable de voir les choses sous cet angle, il est plus facile de comprendre pourquoi il est important :

1 De répondre rapidement au très jeune bébé qui crie et de le faire de manière pertinente.

2 De permettre au bébé d'apprendre à se calmer seul, ce qui n'est pas le laisser pleurer sans lui répondre, mais au contraire lui offrir la possibilité d'acquérir une nouvelle compétence, une nouvelle autonomie, plus supportable par les parents.

3 De bien comprendre les différentes étapes que traverse le bébé afin d'adapter ses réponses. Dans les premières semaines, les cris sont instinctifs et souvent indistincts. Les bébés actifs et extravertis demandent plus que les autres. On peut aisément comprendre qu'après un séjour de neuf mois passés dans le confort de la matrice, il soit vraiment difficile de supporter des sensations comme la faim, le froid ou la solitude et que celles-ci soient la cause de la détresse des bébés. A ce stade, il faut répondre rapidement au bébé : il n'y a aucune raison valable de le laisser pleurer. C'est sans véritable surprise que l'on constate que les techniques les plus efficaces pour calmer les très jeunes bébés sont celles qui visent à reproduire les conditions de vie dans le ventre maternel (emmaillotage, bruits du cœur, bercements, etc.).

Après quelques semaines, a fortiori après quelques mois, il en va autrement. Les pleurs du bébé se différencient et la communication adopte des signes plus variés. L'enfant comprend que pleurer fait venir sa mère. Il appelle pour des raisons diverses, mais très souvent par ennui ou par solitude. Il veut avoir de la compagnie et apprendre des choses sur le monde. A ce stade, les techniques qui le calment le mieux sont celles qui stimulent son intérêt.

D'une manière générale, le bébé crie pour signaler ses ennuis. Pour lui comme pour nous, la vie est parfois inconfortable et très souvent frustrante. Mais lui n'a aucun moyen ni de comprendre ce qui lui arrive ni de compenser par ses propres moyens. Ce sont donc à ses parents de le réconforter et de lui donner confiance dans l'existence.

LES COLIQUES CESSENT À TROIS MOIS

Beaucoup de mères dont les bébés criaient énormément et avaient manifestement des coliques rapportent que ces cris en excès ont cessé spontanément, en deux ou trois jours, au grand soulagement de tout le monde, vers l'âge de treize ou quatorze semaines. Certains amorcent la diminution des cris depuis déjà une ou deux semaines, alors que chez d'autres les habitudes changent très rapidement. D'où le nom donné à ce symptôme de « coliques des trois premiers mois. »

Les choses ne sont pas toujours aussi rigoureuses et, malheureusement, certains bébés doivent avoir du mal à lire le calendrier, car ils laissent passer la date sans modifier pour autant leur comportement. Mais enfin, ils sont plutôt rares. Beaucoup de médecins s'appuient sur le fait que les coliques ne durent « que » trois mois pour inciter les parents à la patience, sans autre conseil.

Comment peut-on expliquer cette cessation mystérieuse d'un symptôme aussi excessif? Comme pour le début des coliques, on est réduit aux hypothèses pour expliquer leur arrêt. Vraisemblablement, dans les deux cas, plusieurs facteurs entrent en jeu.

Autour de trois mois, la maturité neurologique et physiologique du bébé est davantage proche de celle de l'adulte. De ce fait, le bébé est moins excitable, moins nerveux, moins hypersensible, et son système digestif fonctionne de manière plus régulière. Le début de la diversification alimentaire peut jouer également un rôle.

Sur le plan psychologique, la première explication qui vient à l'esprit est que l'enfant est entré dans un nouveau schéma de comportement où il n'a plus besoin de pleurer. Les raisons en sont nombreuses. D'abord il est généralement capable de trouver seul son pouce ou son poing, ce qui lui permet de patienter en attendant son repas et de se calmer seul. Il commence à être capable d'halluciner, c'est-à-dire d'imaginer que son repas va venir et ce rêve peut, pendant quelques minutes, lui tenir lieu de réalité. Ensuite, il est davantage à même de jouer seul. Il est capable de se tourner, de tendre le bras et d'attraper. A trois mois, le bébé a généralement des jouets dans son lit. Il a un mobile qu'il peut regarder bouger, des hochets suspendus qu'il peut balancer, des peluches qu'il peut toucher. Donc il s'ennuie moins.

D'autres éléments interviennent à cet âge qui concourent à diminuer la quantité de cris. D'abord le nombre de repas diminue et leur horaire se régularise, ce qui rend les pleurs de faim plus rares et prévisibles. Ensuite le bébé dort généralement la nuit entière, ce qui est un élément de soulagement très important pour les parents. Enfin, la communication parents-enfants devient beaucoup plus facile. Les pleurs se différencient et le bébé acquiert de nombreux sons vocaux différents pour exprimer ce qu'il ressent ou désire. Les parents comprennent mieux, d'autant qu'ils ont eu trois mois pour apprendre à bien connaître leur bébé. Quant au bébé, il comprend lui-même beaucoup mieux ce que ses parents lui disent.

Si, comme j'en ai fait l'hypothèse au chapitre précédent, la frustration tient un grand rôle dans les coliques de ces bébés pleins de désirs mais impuissants à les satisfaire seuls et enragés qu'on ne les satisfasse pas pour eux, on comprend bien pourquoi les pleurs diminuent lorsque l'enfant se trouve capable, à trois mois, de jouer seul, de se calmer seul, ainsi que d'imaginer et d'exprimer clairement ce qu'il souhaite mais ne peut se procurer.

LES RAISONS DES PLEURS

Nous avons vu que pleurer est, pour le bébé, un moyen de communiquer. Souvent, il s'agit d'un malaise qu'il va exprimer. Aussi est-il crucial de comprendre rapidement pourquoi son bébé pleure afin de pouvoir le soulager avant que ses cris ne deviennent une véritable crise de rage.

Face à des cris, il va falloir réagir rapidement. Doit-on changer l'enfant, le lever, le laisser dans son lit, le nourrir, essayer de le calmer, le confier à son père, appeler le médecin ? Ce serait merveilleux de pouvoir apporter une réponse simple. Mais c'est impossible, car l'attitude à adopter dépend bien évidemment de la raison des pleurs et de l'enfant lui-même. C'est pourquoi la première chose à faire est un tour d'horizon des raisons les plus fréquentes qu'ont les bébés de pleurer.

ELIMINER LES CAUSES MÉDICALES

Ce livre concerne, je l'ai dit, les pleurs en excès du bébé en bonne santé. Si vous avez un doute et si vous pensez que votre bébé pleure peut-être parce qu'il souffre quelque part, le plus sage est évidemment de consulter un médecin qui sera seul à même de vous rassurer. Bien sûr, même un bébé en bonne santé peut tomber malade. C'est pourquoi il est toujours bon de lire ce chapitre.

Le bébé qui a mal pleure de manière stridente. Il pousse des cris aigus et répétés. Le bébé malade (qui peut souffrir également mais de manière moins vive) pousse plutôt une sorte de geignement continu. Les pleurs sont irréguliers et font penser à une longue plainte. Toute manifestation de cris différents de ceux que l'enfant pousse habituellement et qui ne cessent pas quand le bébé est pris dans les bras doivent donner l'alerte.

Un certain nombre de **symptômes** sont également à surveiller car ils sont le signe d'une maladie et peuvent justifier une intervention médicale rapide. Ce sont :
– l'écoulement nasal et les difficultés respiratoires en général;
– la toux;
– les vomissements;

— les selles liquides;
— le teint blafard;
— les réactions cutanées (plaques, boutons, etc.);
— la fièvre.

N'oubliez pas que certaines infections douloureuses ne donnent pas forcément lieu à des symptômes visibles. Parmi les plus fréquentes, il faut signaler l'infection de l'oreille interne et l'infection urinaire. Aussi, en cas de doute, faut-il toujours consulter un médecin. Dans le cas d'une douleur ou d'une maladie, il faut se réjouir que les bébés pleurent, car ce sont ces cris qui nous signalent que quelque chose ne va pas et nous donnent la possibilité d'intervenir rapidement.

LES CAUSES PRINCIPALES

Elles sont au nombre de six et correspondent aux besoins de base de tout jeune bébé. Face à un bébé qui pleure, c'est d'abord à ces six causes les plus fréquentes qu'il faut penser et les passer en revue le plus rapidement possible, avant que les cris ne dégénèrent en une véritable crise de rage et d'incompréhension. Ce sont les cris de faim, de fatigue, de besoin de contact, de besoin de téter, de surstimulation et d'ennui.

La faim

C'est la première idée qui vient à l'esprit lorsque le bébé se réveille en pleurant. Il est vrai que, chez le jeune bébé, la sensation de faim engendre une véritable angoisse et que l'enfant hurle véritablement pour qu'on le satisfasse.

Si les pleurs réveillent le bébé et surviennent plus de deux heures après le repas précédent, ils sont relativement faciles à interpréter. Mais il faut bien savoir que les pleurs ne sont pas toujours causés par la faim. Ce n'est que progressivement que chaque parent apprend à connaître le rythme et les besoins de son bébé : à quel repas a-t-il le plus d'appétit, combien de temps avant réclame-t-il, quand se réveille-t-il, etc. ? Ces rythmes ne se régularisent qu'après plusieurs semaines. D'ici là, il faut admettre que l'enfant met souvent beaucoup de fantaisie dans ses demandes alimentaires. Contrairement à ce qu'affirment certains pédiatres, un bébé peut très bien avoir faim moins de deux heures après le repas précédent, pour peu que celui-ci ait été léger. A certains repas, il aura peu faim, à d'autres davantage.

Que faire face aux pleurs de faim (ou que l'on croit tels) ? La réponse paraît évidente : nourrir. Mais elle ne l'est pas tant que cela pour tous ceux qui affirment qu'un bébé doit apprendre à manger à heures fixes. En réalité, il est totalement inutile et inutilement cruel de laisser pleurer un bébé de faim. D'autant que ces pleurs-là ne peuvent aller qu'en augmentant et qu'il est si facile de les calmer. La seule solution consiste à offrir à manger au bébé, soit en lui donnant un biberon, soit en le mettant au sein.

Beaucoup de parents s'interrogent sur la quantité de lait que leur bébé doit avaler chaque jour. Des livres fournissent des tableaux ou des formules permettant d'évaluer cette quantité. Cela est absurde. La quantité de lait dont un bébé a besoin à chaque repas dépend de ce qu'il a pris au repas précédent, de son poids et de son métabolisme interne. De même, le nombre de repas quotidiens peut varier, au même âge, d'un bébé à l'autre. Certains veulent manger toutes les deux heures et le disent avec énergie...

La seule solution raisonnable tient en trois points :

- Offrir au bébé la quantité de lait qu'il veut et le laisser manger autant qu'il réclame : au sein, impossible de contrôler ; au biberon, on en met davantage que prévu et le bébé prend ce qu'il veut.
- On ne force jamais le bébé à continuer à manger ni à finir son biberon. On lui fait confiance : le bébé a un système interne merveilleusement efficace pour réguler la quantité de nourriture dont il a besoin.
- On le pèse une fois par semaine pour contrôler sa prise de poids et se rassurer définitivement sur le fait qu'il prend assez, ou que la mère produit assez de lait.

Les pleurs qui surviennent au cours du repas ne signifient pas toujours que l'enfant a assez mangé et qu'il souhaite arrêter là son repas. Parfois, le bébé est victime d'une crampe interne réflexe au niveau intestinal, qui peut le faire souffrir pendant une ou deux minutes, puis cesser ensuite. Il est d'ailleurs fréquent qu'il ait une selle à ce moment-là.

Donc, pour interpréter les pleurs en cours de repas, le mieux est d'interrompre la tétée pendant deux ou trois minutes, puis de reproposer le sein ou le biberon au bébé. S'il n'avait plus faim, il ne tétera pas de façon efficace. S'il avait une crampe intestinale, il finira alors son repas avec plaisir. S'il pleurait pour une autre raison, il recommencera à pleurer. Attention : jamais ce réflexe n'entraîne de vomissement ou de diarrhée, si vous constatez l'un ou l'autre chez votre bébé, mieux vaut consulter un médecin.

Les pleurs après le repas sont une autre source d'interrogation des parents. Si l'enfant est au biberon, et qu'il finit tous ses biberons totalement, ils se demandent s'il ne serait pas temps d'augmenter la quantité proposée (ce en quoi ils ont raison). Si le bébé est au sein et qu'il pleure après son repas, sa mère se demande forcément si elle produit assez de lait. La mère qui allaite finit toujours par remettre son allaitement en question lorsque son bébé pleure beaucoup. Son lait est-il de bonne qualité ? Assez copieux ? Bien adapté à son enfant ? Les réponses à ces questions sont assez simples.

D'abord il faut redire clairement que les bébés au sein pleurent autant que les bébés au biberon. Cela est parfois très frustrant pour les mères qui allaitent. Elles ont l'impression de faire ce qu'il y a de mieux pour leur enfant, c'était écrit dans tous les livres que l'enfant préférait le sein, et malgré tout elles ne parviennent pas à en faire un enfant calme et comblé. Si bien qu'elles remettent la qualité de leur lait en question. Il est exact qu'une femme fatiguée et énervée peut avoir une baisse dans la quantité de lait qu'elle produit. Mais il suffit, pour que la production se rétablisse et s'accorde aux besoins du bébé :

— qu'elle se repose;
— qu'elle boive beaucoup;
— qu'elle allaite souvent et longtemps (éventuellement toutes les deux heures, si c'est ce que l'enfant réclame).

La mère qui allaite s'entendra très souvent conseiller, si son bébé pleure en excès, de sevrer son bébé, au moins de lui donner des biberons de complément. C'est le plus souvent une erreur. La quantité de lait que la mère produit dépend très directement de la fréquence et de la durée des tétées, ainsi que de l'énergie que le bébé y met. Mis au lait en poudre, le bébé ne pleurera pas moins. Le seul avantage que l'on peut trouver à remplacer l'allaitement par le biberon est le suivant : le père peut prendre la relève. S'il se lève la nuit, la mère pourra s'assurer quelques temps de repos plus conséquents. Mais rien n'empêche, une fois le rythme pris, de sauter une tétée de nuit et de la remplacer par un biberon.

Ceci étant dit, ce n'est pas parce que vous remplacerez l'allaitement par le lait en poudre que votre bébé en sera plus malheureux non plus. A condition que vous-même ne viviez pas cela comme un échec par rapport à ce que vous aviez rêvé, ou comme une incapacité de votre part. On n'est pas meilleure mère dans un cas ni dans l'autre : ce serait trop simple !

La fatigue

Le bébé a passé un moment éveillé, charmant. Puis, la fatigue venant, il commence à pleurnicher un peu. Voulant le distraire de son malaise, certains parents prennent l'enfant, lui parlent, le font sauter en l'air, jouent avec lui. Le résultat est pire encore et les cris redoublent. La fatigue accumulée pendant l'éveil peut énerver l'enfant au point de devenir un obstacle à son endormissement. Les Anglo-Saxons emploient alors le terme de « overtired », que l'on peut traduire par « surfatigué. »

Il faut savoir que les besoins de sommeil varient beaucoup d'un bébé à l'autre, mais qu'ils sont très importants chez tous les nouveau-nés. Autour de six semaines, les besoins varient entre douze et dix-huit heures quotidiennes, voire davantage. Il est important de connaître les besoins et le rythme de son propre enfant, parce qu'il est impossible de faire dormir un bébé plus que son organisme n'en a besoin. Même si un bébé ne correspond pas à ce qui est décrit dans les livres comme normal, c'est cependant lui qui a raison et non l'ouvrage. C'est en respectant l'horaire de son enfant que l'on diminue le niveau des pleurs, puis en le faisant évoluer très progressivement.

Les enfants varient également beaucoup dans leur capacité à s'endormir. Les uns tombent doucement dès qu'ils sont fatigués et trouvent facilement et calmement leur sommeil. Les autres s'énervent et trouvent d'autant plus difficilement leur sommeil qu'ils sont plus fatigués. On met son enfant au lit, mais il crie. La tension se vide, en longs sanglots, et on a l'impression qu'il ne s'endormira jamais. Il est facile alors de se méprendre en pensant que le bébé n'est pas fatigué. Alors qu'au contraire les pleurs sont souvent un signe de sommeil et que, même plus âgé, l'enfant augmentera d'autant plus son niveau d'activité qu'il sera plus fatigué.

La solution la plus simple consiste à mettre son bébé au lit. Le bercer en marchant peut se révéler efficace, mais très contraignant à la longue. Il arrive aussi que cela stimule encore l'enfant plutôt que de le calmer. Donc, si vous ne voulez pas laisser votre bébé dans son berceau, vous pouvez le bercer doucement sans trop vous déplacer, lui chanter une berceuse, ou le glisser dans le porte-bébé. Certains vous diront que tous ces comportements risquent de devenir des habitudes dont vous aurez du mal à vous débarrasser et qui seront pesantes. Tout dépend de l'âge de l'enfant et des besoins spécifiques de ce bébé-là. Tout dépend du plaisir que sa maman y trouve. Mais c'est vrai que souvent le plus simple est de coucher l'enfant dans son lit. Sécurisé par l'odeur et le contact d'un lieu qu'il connaît bien, il va pleurer quelques minutes (entre cinq et vingt minutes, selon les enfants et selon les jours, parfois davantage en fin de journée) pour décharger la tension qui l'habite, puis finir par s'endormir tout seul. Beaucoup de bébés très actifs et très éveillés ont besoin de pleurer un moment avant de s'endormir. Si vous procédez ainsi, sans vous angoisser, votre bébé aura appris qu'il peut être actif sur son propre état intérieur et se calmer seul. Vous pouvez aussi l'aider en vous asseyant à côté de lui et en posant simplement votre main sur son dos, pour qu'il sente votre présence.

Si les cris de l'enfant ne vont pas en se calmant dans les dix ou quinze minutes qui suivent, mais au contraire augmentent de volume, il faut sans doute chercher leur cause ailleurs.

Si votre tout jeune bébé a du mal à s'installer dans un rythme jour/nuit satisfaisant, s'il prend, comme on dit « le jour pour la nuit », il faut que vous sachiez que ce fameux rythme nycthéméral s'installe en fonction de l'alternance lumière/obscurité due à la lumière du soleil. La solution la simple et souvent efficace consiste donc à faire dormir le bébé le jour dans une pièce lumineuse (sans fermer les volets ou les rideaux) et la nuit dans une pièce bien obscurcie où l'on n'allumera pas trop de lumière, même pour le repas de nuit (souvent une veilleuse ou la lumière venant d'une autre pièce suffit). Ainsi le rythme de l'enfant se régularisera progressivement.

Le besoin de proximité

Le bébé humain est ainsi conçu qu'il a un grand besoin de compagnie et du contact chaleureux et tendre avec ses semblables. Dans les pays aux traditions plus fortes et plus anciennes que les nôtres, comme en Afrique ou en Amérique du Sud, le bébé ne quitte quasiment pas le corps de sa mère pendant plusieurs mois et ses besoins de contact sont ainsi pleinement satisfaits.

Nos façons de vivre ne permettent plus cela. Nos appartements, plus spacieux, ont permis que l'enfant ait sa propre chambre, son propre lit. La crainte de la proximité ou des mauvaises habitudes a fait le reste : les bébés occidentaux pleurent de solitude. Ils pleurent pour appeler et pour que l'on s'occupe d'eux. Crier pour être pris dans les bras et se taire lorsque l'on a satisfaction n'est pas l'expression d'un caprice, mais celle d'un besoin. Le bébé n'a pas seulement besoin d'amour, il a besoin qu'on lui montre, par les gestes et par la présence, qu'on l'aime.

Le bébé, incapable de se déplacer et d'aller vers ce qu'il désire, emprisonné plusieurs heures par jour dans un tout petit espace, seul à regarder le plafond, comprend vite que crier fait venir un adulte qui vous prend généralement dans ses bras, ce qui est beaucoup plus agréable. Le bébé a besoin d'être porté.

Des études déjà anciennes ont montré qu'une absence prolongée de contacts chaleureux et directs avec des adultes peut même ralentir le développement normal du bébé. Non : les parents qui portent leur bébé de moins de six mois dans leur bras ou contre leur corps ne se font pas « manipuler » indûment. Ils répondent simplement aux besoins physiologiques et psychologiques de leur bébé. Non seulement leur bébé ne demandera pas de plus en plus, mais c'est au contraire ne pas répondre qui, provoquant une insécurité fondamentale chez l'enfant, provoquerait un accroissement de la demande. Prendre son bébé contre soi lorsqu'il le réclame, pendant les tout premiers mois de sa vie, c'est renforcer sa confiance et sa sécurité intérieure, donc diminuer, à terme, son besoin d'être pris dans les bras.

L'enfant ne veut pas être isolé socialement et a besoin, pour se sentir bien, de pouvoir se nicher contre le corps de son père ou de sa mère, dans une odeur et des bruits familiers. En revanche, il n'a pas « besoin » que la personne qui le porte contre elle marche de long en large, sautille ou se balance, car alors cela signifie que les pleurs ont une autre cause que le besoin de proximité, cause qu'il va falloir trouver si l'on veut que les cris se calment.

Si le bébé, fatigué et confortablement entouré, s'endort dans les bras, il peut être difficile de le déposer ensuite dans son lit sans qu'il se réveille et recommence à pleurer. Cela nécessite d'attendre que l'enfant soit profondément endormi et de le déposer avec une très grande douceur et beaucoup de précautions.

Deux bons trucs, destinés à atténuer la transition entre les bras et le berceau :

– réchauffer préalablement son lit avec une bouillotte ;

– envelopper l'enfant dans sa couverture alors qu'on le prend dans ses bras, puis le déposer dans son lit toujours enveloppé, lorsqu'il est endormi.

Le besoin de téter

Le sein ou le biberon n'apportent pas seulement à l'enfant le plaisir de la nourriture et la sensation agréable d'un estomac plein. Ils procurent également une grande satisfaction due au simple fait de téter. L'enfant de cet âge est à un stade psychologique où ses plaisirs essentiels lui sont procurés par la bouche, les lèvres et tout ce qui se rattache à l'oralité. Dans ce cadre, on comprend que le besoin de téter puisse être aussi important que le besoin de manger.

Or le temps du repas peut se révéler insuffisant pour satisfaire le besoin de téter d'un enfant. Ce besoin est très variable d'un bébé à l'autre. Il n'est pas rare qu'un bébé ait besoin de téter plusieurs heures par jour : dans ce cas, il aura tendance à pleurer après ses repas alors même qu'il a été convenablement nourri. Il ne demande pas davantage de lait, mais il se sent frustré de n'avoir pu sucer davantage. Répondre à l'enfant en augmentant la quantité de ses repas serait une erreur. Téter le calme, indépendamment de la faim.

Que faire ? Dans de nombreux pays aux cultures traditionnelles, le problème est résolu en laissant le bébé au sein aussi longtemps qu'il le désire, même si celui-ci ne contient plus de lait. Cela est incompatible avec nos habitudes et nos modes de vie.

Une solution consiste à utiliser une tétine pour les mamans qui donnent le biberon avec des trous très petits afin que les repas durent assez longtemps pour satisfaire le besoin de sucer de l'enfant. Mais cela est rarement suffisant. Certains enfants sucent leur pouce ou leur poing et satisfont ainsi tout seuls leur besoin. Mais cette habileté demande une coordination motrice rarement atteinte avant l'âge de trois mois.

Reste la sucette, ou tétine, que les Anglo-Saxons nomment « pacifier », « l'objet apaisant »... Je sais que beaucoup de parents sont gênés par la vision de cet objet en plastique dans la bouche de leur bébé. Ils doivent comprendre qu'elle vient juste remplacer le sein vide et combler un besoin physiologique du bébé qu'il n'est pas encore capable de satisfaire seul. Inutile de se culpabiliser. Si un bébé pleure parce qu'il n'arrive pas à satisfaire son besoin de sucer, le plaisir qu'il éprouvera avec une tétine suffira à rassurer les parents : ils ont fait ce qu'il fallait pour que leur bébé soit bien.

La surstimulation

Avec la mode actuelle qui veut que le plus tôt soit le mieux et qui valorise toute précocité, les bébés d'aujourd'hui sont souvent surstimulés et pleurent ou geignent pour cette simple raison. Il n'est pas toujours facile d'admettre, tant on a envie de jouer ou d'éveiller son bébé, que son temps d'éveil et d'attention est très bref dans les premiers mois de sa vie et qu'il se fatigue vite. Les bébés nés avant terme, ou de petit poids, ou qui ont vécu une naissance difficile, semblent plus facilement sujets à la surstimulation que les autres, mais cela concerne tous les bébés dans les trois premiers mois de la vie. Il s'agit donc d'une cause très fréquente de malaise et le plus souvent mal interprétée.

Quand le bébé est lassé de jouer ou de converser, lorsqu'il commence à se fatiguer, il émet des signes : il détourne la tête, il geint de façon sporadique, etc. Les parents confondent souvent cette réaction avec l'ennui et agissent pour « distraire » le bébé de son malaise : ils jouent avec lui, lui présentent un objet, lui parlent, le promènent, le bercent, etc. Or chacune de ces tentatives destinées à calmer l'enfant ne fait qu'ajouter une stimulation supplémentaire, donc aggraver le problème. Si le bébé se calme quelques secondes du fait de la nouveauté, il recommence bien vite à geindre de plus belle, puis à hurler franchement. A ce stade, il ne se calmera plus que lorsqu'il aura vidé la tension accumulée.

Ces réactions de surstimulation du bébé sont d'autant plus fréquentes que l'enfant est jeune, car sa capacité d'attention est alors très limitée. Mais elles surviennent aussi lorsque les parents essaient d'appliquer à l'enfant leur propre rythme ou leur propre emploi du temps, plutôt que de respecter le sien, ainsi que lorsqu'ils ne respectent pas ses signaux de lassitude. Lorsque le bébé est fatigué d'avoir mangé, d'avoir échangé, d'avoir prêté attention à son entourage, il convient de limiter au maximum toute source de stimulation afin de lui permettre de « se récupérer. » S'il aime se retrouver seul dans son lit, au calme, tant mieux. Sinon, il se plaira sûrement dans le porte-bébé (ou simplement dans les bras), au chaud contre son père ou sa mère, sans mouvement ni parole supplémentaire. L'essentiel à retenir est que, lorsqu'un jeune bébé pleure parce qu'il souffre de surstimulation, toute tentative pour le distraire de ses cris sera vécue par lui comme une stimulation supplémentaire et ne fera rapidement que renforcer ses pleurs.

L'ennui

Chez l'enfant un peu plus grand, au-delà de trois mois, mais cela peut être très variable selon les bébés, il existe une raison de crier absolument inverse de la précédente : l'absence de stimulation. Il s'agit des cris de l'enfant seul dans son berceau ou dans une pièce, et qui n'a plus sommeil. Il a besoin de compagnie, de jeu, de communication, et il crie pour l'obtenir.

Certains bébés, s'ils restent éveillés dans un petit lit sans distraction particulière, ou bien s'ils sont seuls dans une pièce d'où ils ne peuvent voir l'adulte présent, commencent par geindre doucement. Si rien ne se passe, si on ne leur « répond » pas, ils protestent plus fort jusqu'à pousser de véritables hurlements. Regarder le plafond ne leur suffit pas. Or le bébé de trois mois est encore incapable de s'occuper lui-même. Sauf à pousser de grands cris qui, au moins, mettent de l'ambiance et font presque toujours venir quelqu'un !

Jusqu'à deux mois, nous l'avons vu précédemment, le temps d'attention du bébé, le plus souvent après son repas, est très court, de l'ordre d'une quinzaine de minutes. L'éveiller consiste simplement à lui permettre d'être dans la pièce principale, entouré de sa famille, là où la vie se passe. Il y a déjà tant de choses à découvrir, regarder, écouter… En grandissant, les moments où le bébé est éveillé, calme, alerte, où il ne ressent ni faim ni fatigue, sont plus longs. Si le bébé est isolé socialement, il crie, simplement parce qu'il a besoin de vie et de compagnie autour de lui.

Eveiller son bébé à cet âge ne consiste pas à lui passer des cassettes de japonais ou à lui apprendre le nom des fleurs, mais tout simplement à lui permettre d'être assis dans une pièce, avec des activités humaines autour. Faire participer le bébé à la vie de tous les jours, c'est éveiller tous ses sens : vue, ouïe, odorat, toucher. C'est aussi lui apprendre les bases de la communication humaine.

Le petit transat où l'on allonge le bébé est extrêmement pratique, car il permet à l'enfant de suivre sa mère dans les pièces où elle se trouve et d'assister à ses activités, ce qui est bien plus instructif et amusant que rester seul dans son berceau. La mère pose le transat près d'elle et parle avec son bébé pendant qu'elle épluche les légumes, écoute un disque ou range une pièce. Posé sur le ventre sur un tapis de sol, le bébé peut aussi expérimenter des sensations nouvelles et s'emparer de différents joujoux, hochets, ou morceaux de tissus mis à sa disposition. Son lit peut s'orner de différents objets à regarder ou à balancer.

Le bébé de quelques mois veut, lorsqu'il a bien mangé et bien dormi, participer à la vie de famille. Il veut être porté, occupé, désiré. Il a besoin de vie autour de lui. L'enfant unique d'une mère seule à la maison gagnera à être sorti et promené, car il n'est pas souhaitable que toutes les stimulations viennent d'une seule personne. La sous-stimulation est une cause de cris à ne pas négliger : l'enfant pleure d'ennui, et pleure moins s'il a toute une vie autour de lui, à laquelle il est toujours heureux de participer, ou dont il aime être le centre.

LES AUTRES CAUSES

Une fois éliminées les causes médicales des pleurs et les six causes principales que nous venons de passer en revue, le reste relève le plus souvent de ce que l'on peut appeler globalement l'inconfort. Mais cet inconfort peut être parfois suffisamment fort ou durable pour que l'enfant se plaigne. Si la bonne réponse tarde à arriver, les cris peuvent succéder aux geignements. Mais cela est plus rare et varie considérablement d'un enfant à l'autre.

Nous passerons donc en revue les différentes causes d'inconfort pour vous aider à repérer si, parmi celles-ci, l'une ou l'autre dérange particulièrement votre bébé. Certaines, pourtant souvent évoquées, ne sont pas crédibles comme causes d'un réel malaise : autant le savoir plutôt que de répondre « à côté » à la demande du bébé.

Bébé a trop chaud ou trop froid

Les bébés sont souvent trop couverts par crainte d'un « refroidissement. » Alors que toute la famille est bras nus, le bébé a une chemise, un gilet, et est enfoui sous une couette... alors qu'un tee-shirt lui suffirait sans doute. Le bébé qui a trop chaud transpire. Il est rouge, irritable et il respire rapidement. Il faut alors le découvrir et lui donner à boire. Sachez que les appartements sont en général trop chauffés et que le bébé enfoui sous ses couvertures étouffe. Un « dort-bébé » passé sur le pyjama et un chauffage à 20° suffisent le plus souvent.

A l'inverse, le bébé qui a froid bleuit et a la chair de poule. Il est exact que le bébé, du fait qu'il perd rapidement de la chaleur, peut se refroidir plus vite que l'adulte et s'en sentir incommodé. Les pieds se refroidissent rapidement, ce qui impose souvent le port de chaussettes, et l'enfant perd beaucoup de chaleur par la tête, ce qui implique de lui mettre un bonnet lors des sorties par temps frais. Si la chambre est peu chauffée, une bouillotte glissée dans le lit du bébé dix minutes avant qu'il s'y couche lui sera sûrement très agréable.

En dehors de cela, une règle simple peut s'appliquer aux jeunes bébés. Au-delà de 25°, l'enfant peut être habillé comme l'adulte. Entre 20° et 25°, vous lui mettrez une couche de plus. En dessous de 20°, deux couches de plus que les adultes, afin de tenir compte de sa vitesse de refroidissement beaucoup plus grande. Passé six mois environ, votre bébé sera à l'aise lorsque vous le serez : mettez-lui un gilet lorsque vous enfilez le vôtre et laissez-le bras nus si vous l'êtes.

Il a soif

Surtout lorsqu'il a chaud ou lorsque le chauffage rend l'air ambiant particulièrement sec, le bébé peut pleurer de soif davantage que de faim. C'est une cause d'inconfort à laquelle on ne pense pas souvent, alors qu'elle est fréquente. Les pleurs de l'enfant ressemblent aux pleurs de faim mais, soit ce n'est pas l'heure de la tétée, soit il refuse son biberon de lait. Proposez-lui alors un petit biberon d'eau fraîche, ou bien de l'eau à la petite cuiller. Cela le satisfera peut-être.

Si l'air de sa chambre est très sec et que l'enfant se réveille la nuit, installez un humidificateur d'air accroché au radiateur (ou humidificateur électrique si le système de chauffage ne permet pas autre chose). Un aquarium installé dans la chambre du bébé est souvent aussi une bonne solution, tant par l'évaporation de l'eau qui humidifie l'air que par le ronronnement qui a un effet hypnotique sur l'enfant.

Il est mouillé ou souillé

Certains enfants ne sont absolument pas gênés par une couche sale et semblent même y trouver un certain confort. D'autres pleurent et demandent à être changés rapidement. C'est systématiquement le cas lorsque le bébé a les fesses irritées ou lorsque l'humidité de la couche lui fait ressentir le froid. Si votre enfant pleure pour être changé, vous le repérerez assez rapidement. Sachez que cela est relativement rare dans les premiers mois si l'enfant n'a pas les fesses irritées.

Il est nu

Certains bébés plus sensibles que d'autres ont horreur d'être mis nus. On peut penser que la sensation soudaine de froid sur la peau leur est très désagréable. Mais il n'y a pas que cela. Les vêtements agissent comme une seconde peau qui protège l'enfant du monde extérieur. Etre privé de cette protection, ce n'est pas seulement être mis à nu physiquement mais aussi se retrouver exposé, en insécurité. Certains bébés sont très sensibles à cela : pour eux le moment du bain (en tout cas juste avant et juste après) n'est pas un moment de plaisir mais de cris. Sentir l'air froid sur la peau leur est très désagréable. Le contact de sa peau nue avec le froid de la table à langer encore plus.

Les solutions sont simples. Quand vous changez ou que vous habillez votre bébé, évitez de le déshabiller complètement : changez d'abord le haut, puis le bas, ou l'inverse. Posez en permanence une ou deux serviettes de toilette sur le radiateur. Vous vous en servirez pour poser sur la table à langer avant d'y allonger l'enfant et pour envelopper celui-ci lorsqu'il n'est pas habillé. Si le bain est mal supporté, contentez-vous, pendant quelque temps, de laver votre bébé avec un gant de toilette plongé dans l'eau chaude, en ne déshabillant qu'une partie du corps à la fois. Vous pouvez aussi installer un petit chauffage à infrarouges au-dessus de la table à langer. Ces bébés sensibles à la nudité sont souvent des bébés sensibles au froid : ne les laissez jamais sans chaussons et chauffez leur lit avec une bouillotte !

Il subit les tensions environnantes

Les jeunes bébés sont de véritables chambres d'écho. Ils perçoivent instinctivement les émotions, les tensions ou l'excitation qui les environnent, surtout si elles sont ressenties par leurs proches (père, mère) et les renvoient comme en écho. C'est l'une des raisons probables des crises de larmes inconsolables des fins d'après-midi, au moment où la mère commence à se fatiguer, où le père rentre du travail, où les aînés ont beaucoup de choses à raconter, etc. La fatigue et l'excitation accumulées par tous les membres de la famille sont comme « traduites » par la crise d'énervement du bébé.

On constate souvent que plus la mère de l'enfant est tendue et fatiguée, plus les crises de l'enfant sont fréquentes et prolongées. L'enfant capte aussi « les tensions dans l'air », les disputes dans la fratrie, les désaccords parentaux, en bref tout ce qui retentit sur l'état émotionnel de ceux qui lui sont très proches, et essentiellement de sa mère.

Il a peur

L'appréhension est un sentiment qui ne peut faire pleurer que le bébé assez grand pour avoir déjà la mémoire d'événements désagréables. Le bébé qui associe, par exemple, le fait d'être déshabillé au déplaisir du froid, va commencer à geindre lorsque sa mère va le poser sur la table à langer. Le bébé qui a associé les visites chez le médecin aux piqûres des vaccins va sûrement pleurer la prochaine fois qu'il entrera dans le cabinet du pédiatre. Il sait déjà faire le lien entre certains indices et les expériences désagréables.

Ces cris de peur sont la preuve de l'intelligence et du bon fonctionnement mental de l'enfant. Il est, de la même manière, capable de se réjouir à l'avance de l'arrivée d'un événement plaisant : il sourit à l'approche du biberon ou jubile lorsqu'il entend les clés de son père qui tournent dans la serrure.

L'appréhension du bébé est évidemment très renforcée si elle fait écho à l'appréhension de sa propre mère : difficile de le rassurer si vous-même êtes très inquiète à l'idée de la piqûre à venir. Aussi la seule manière de calmer un bébé qui crie de peur est elle d'être soi-même le plus confiant et le plus rassurant possible. Une voix paisible, des gestes tranquilles, des paroles qui préviennent et expliquent *(« Fais-moi confiance, je suis là , tout ira bien, on va faire vite, tu verras »*, etc.), si elles ne suffisent pas à calmer l'enfant, l'aident à reprendre plus vite le contrôle affectif de la situation.

Il a mal aux dents

Ce prétexte est invoqué à tort et à travers comme cause des geignements et des malaises des bébés. Les cris, surtout s'ils se calment lorsque l'enfant a quelque chose dans la bouche et d'autant plus qu'ils s'accompagnent d'un érythème fessier, sont très vite mis sur le compte des dents.

En parlant de prétexte, je ne veux pas dire qu'il faut sous-estimer les vrais dérangements dus aux sorties des dents, mais que cette cause est trop souvent invoquée à tort. Les douleurs dentaires avant six mois sont rarissimes : ce n'est donc pas sur ce compte-là qu'il faut mettre le malaise de l'enfant de deux ou trois mois. Et s'il se calme en prenant son poing, c'est seulement parce qu'il satisfait le besoin de téter dont nous avons parlé plus haut.

Il n'a pas fait son rot

Quand l'enfant boit son biberon, son estomac contient du liquide, puis une poche d'air au-dessus. Dans les premières semaines, cela peut engendrer une sensation de pression gênante. Lorsque l'enfant fait son rot, un peu de cet air sort, relâchant la pression, et l'enfant se sent mieux. Il arrive qu'un peu de lait soit régurgité en même temps, ce qui est normal. Plus le bébé est tendu, plus la personne qui le nourrit est pressée ou le tient de manière inconfortable, plus le muscle de l'estomac est contracté et aura du mal à fonctionner normalement.

Il est bien rare qu'un bébé sans problème médical particulier pleure pour un rot non sorti. L'air sortira toujours, inutile de s'en inquiéter outre mesure. Faire une pause d'une minute au milieu de la tétée, une autre à la fin de la tétée, où l'on tient l'enfant vertical contre l'épaule en lui frottant doucement le dos, suffit généralement à provoquer un rot. Dans le cas contraire, inutile de s'en inquiéter.

Il a des problèmes digestifs

Le rot n'est pas seul en cause. De l'ensemble du processus alimentation-digestion-excrétion, bien des inconforts peuvent surgir dans les premières semaines de la vie. Les sensations ressenties par l'enfant, encore très nouvelles, sont intenses et l'emplissent totalement.

Ce que ressent un bébé paisible et facilement satisfait est certainement très différent de ce que ressent un bébé qui a des coliques et qui pleure beaucoup.

Il ne fait aucun doute que les tensions internes ou externes ont un effet sur le processus de la digestion : chacun est à même de le vérifier dans sa propre vie. Si la mère est inquiète face à ce qu'elle interprète comme une douleur intestinale ou une indigestion de son bébé, cela ne fera que renforcer l'occurrence des difficultés. Pour qu'elles se déroulent dans le confort, toutes les étapes de la chaîne alimentaire doivent se dérouler au rythme de l'enfant, dans la confiance et le calme. Si la mère se soucie en permanence de la quantité de lait absorbée, de la régularité de la prise de poids, de l'insuffisance du rot, des bruits de gargouillis dans l'estomac, de la consistance et de la couleur des selles, etc., son bébé sentira cette inquiétude et ne sera pas non plus en paix avec les sensations venant de son propre corps.

Pour digérer tranquillement et ne pas souffrir de « mal au ventre », le bébé doit avoir le temps de s'habituer à ce qu'il ressent et sa mère faire simplement confiance aux mécanismes internes qui se régularisent peu à peu. Progressivement, au cours des deux ou trois premiers mois, le bébé apprendra à ne pas se laisser déborder par la sensation de faim et par faire siennes toutes les étapes du processus digestif. Une mère confiante dans le développement de son enfant et respectueuse de ses particularités propres, saura l'entourer, le tenir contre elle le temps qu'il faut pour qu'il digère bien et le rassurer sur ce qu'il ressent.

Il crie de colère

La colère est rarement le sentiment premier qui déclenche une crise. En revanche, bien des plaintes provoquées par une autre cause peuvent tourner à la crise de colère si elles ne sont pas comprises et résolues à temps. Prenons l'exemple de la faim : si les parents ne répondent pas rapidement à la demande de nourriture de leur enfant, les pleurs vont se transformer progressivement en cris de rage. Lorsque enfin ils apporteront le biberon, le bébé risque de se trouver dans un tel énervement qu'il sera incapable de téter. Ce que les parents verront comme une confirmation du fait qu'il n'avait pas faim. Le cercle de l'incompréhension s'installe.

Un autre bébé pourra se mettre en rage parce que les soins de la toilette durent trop longtemps et l'immobilisent. D'une manière générale, le bébé se met en colère lorsqu'il n'est pas compris par ses proches. On est en droit d'imaginer que son impuissance tant à s'exprimer clairement qu'à satisfaire ses propres besoins le met souvent en colère. Ceci sera particulièrement évident lors de la seconde année de l'enfant, mais est déjà présent dans son comportement. Un bébé sensible risque de se mettre en colère chaque fois que son désir n'est pas satisfait ou chaque fois qu'il l'est à contretemps, c'est-à-dire lorsque son rythme n'est pas respecté.

Une fois votre bébé en rage, vous n'avez plus qu'à attendre qu'il aille au bout et finisse par se calmer. Les mesures préventives consistent seulement à essayer de bien connaître son bébé pour répondre rapidement et au plus juste à ses besoins et à ses demandes. Mais répondre parfaitement est impossible et être frustré dans certains de ses désirs aide aussi à grandir. Après une colère, il est important de rassurer votre bébé sur le fait que ses sentiments et sa rage n'ont rien détruit. Vous êtes toujours là, intègre et affectueux. Vous l'aimez toujours autant. La vie peut reprendre.

Il pleure de tristesse

Ces pleurs sont rares. Ils témoignent de la souffrance intérieure du bébé qui se sent, à tort ou à raison, mal aimé ou abandonné.

Ces pleurs, qui ressemblent plus à une longue plainte qu'à de véritables cris, sont ceux de l'enfant hospitalisé ou séparé de ceux qui l'aiment, à qui on n'a pas réussi à faire comprendre le sens de cette séparation.

Ce sont aussi les pleurs de l'enfant d'une mère dépressive, prise elle-même dans son propre chagrin, dont son bébé se sent impuissant à l'extraire. Cette dépression peut suivre l'accouchement, comme elle peut être liée à un événement tout à fait extérieur à la vie de l'enfant. Mais ce qu'il ressent lui, c'est que sa mère ne s'intéresse pas à lui et qu'elle ne répond ni joyeusement ni tendrement à ses appels.

Un enfant qui pleure de tristesse risque de se replier sur son chagrin si personne ne lui vient en aide. Ce bébé a besoin qu'on lui parle directement, avec des mots simples et vrais, et qu'on lui explique ce qui se passe dans sa vie. Il importe de rassurer l'enfant sur la justesse de son ressenti, mais aussi sur la réalité de l'amour qui lui est porté. Il doit savoir que ce n'est pas de sa faute si, par exemple, sa mère est elle-même triste. Il retrouvera son enthousiasme de vivre lorsque son entourage aura retrouvé le sien.

Il est hypersensible

Nous en avons déjà parlé dans le cas des pleurs par surstimulation. Il faut savoir que certains bébés, le plus souvent de petit poids, soit qu'ils soient nés avant terme, soit qu'ils soient nés à terme mais d'un poids inférieur à la moyenne, sont d'une très grande sensibilité à tout ce qui les entourent. C'est vrai également de certains bébés qui ont dû suivre des traitements dans les jours qui ont suivi la naissance. Ils paraissent gênés par les stimulations de la vie quotidienne, comme s'ils n'étaient pas encore « de taille » à y faire face.

Une étude assez récente, conduite par Geneviève Boulanger, a montré une relation inverse nette entre le poids de naissance et la durée des pleurs au cours des premières semaines. Après trois mois, cette relation disparaît et ne présage donc rien de l'avenir. Mais, durant les premières semaines, ces petits bébés demandent des précautions particulières.

Pour eux, pleurer est une manière de se couper du monde extérieur et de se replier sur soi, ainsi que de décharger un système nerveux sous tension. Essayer de calmer ces bébés par les moyens traditionnels (bercement, musique, etc.) les énervent encore plus. La seule attitude consiste à leur donner beaucoup de calme et à filtrer pour eux l'excitation qui provient de l'extérieur, comme la paroi utérine le faisait avant l'accouchement. Ces bébés doivent être touchés avec énormément de douceur et avec des gestes lents. Ils n'aiment pas les excès de bruit, les voix fortes, les lumières vives, les personnes brusques. En revanche, ils semblent apprécier beaucoup d'être emmaillotés (les jambes et le corps enroulés dans un châle ou une petite couverture) ou portés à même le corps dans un sac-kangourou.

Ceci, bien sûr, ne concerne que les très jeunes bébés : il serait absurde d'emmailloter un bébé de deux mois, costaud, et qui ne demande qu'à gigoter !

Il pleure pour rien

Rien à faire. Vous avez tout passé en revue, vous ne trouvez pas. Bébé a mangé, il est propre, il a dormi, il ne semble pas souffrir, et pourtant il pleure. Il se calme un instant dans vos bras, mais reprend vite ses cris. Vous ne comprenez pas pourquoi il pleure et vous ne savez pas quoi faire pour le calmer.

Cela arrive. Le fait que vous ne compreniez pas la cause des cris n'implique pas forcément qu'il n'y en a pas. Il y a sûrement une raison, mais elle peut être difficile à appréhender. Le plus souvent il s'agira simplement pour l'enfant de vider les tensions qu'il a accumulées. Le fait de crier sans raison évidente ne fait pas de votre bébé un enfant capricieux. Cela signifie plutôt notre incapacité à nous mettre à sa place.

Comment réagir ? Même si vous ne savez pas ce qui gêne votre bébé, compatissez. Faites comprendre à votre bébé que vous êtes avec lui, à ses côtés, et bien désolée de ne pouvoir le soulager. *« Je ne sais pas pourquoi tu pleures, je suis désolée, je ne comprends pas ce que tu veux me dire. J'ai l'impression que cela ne va pas, mais je ne sais pas quoi faire pour toi. Peut-être que tu as simplement envie de crier un peu tranquillement ? »* Si vous sentez, ce qui est fréquent, que pleurer le soulage, alors n'hésitez pas, après lui avoir expliqué cela, à le laisser un moment seul avec lui-même. Il videra ses tensions et sera fier de trouver en lui-même les ressources nécessaires pour se retrouver son calme. Un bébé n'a pas toujours besoin que l'on sorte le grand jeu pour arrêter ses pleurs; il a aussi besoin que ses parents soient capables de supporter, calmement et sans angoisse, qu'il pleure un bon coup, afin de se détendre, souvent pour mieux dormir ensuite. Si vous l'avez laissé dans sa chambre, revenez le voir de temps en temps pour vous assurer que tout va bien. *« Bonjour, bébé, tu pleures toujours? Tu veux peut-être un petit biberon d'eau? Non? Bon, alors je reviendrai te voir tout à l'heure. »* Montrez-vous calme, présente, rassurante, et tout ira bien.

EN RÉSUMÉ...

Les causes des cris des bébés varient beaucoup d'un bébé à l'autre et selon l'âge de l'enfant. Les causes internes (faim, sommeil, énervement, pleurs « sans cause » du soir, etc.), qui sont majoritaires dans les premiers mois, s'atténuent au cours de la première année. L'équilibre intérieur de l'enfant se régularise progressivement. Les repas et les phases de sommeil se rythment en deux mois environ. La maturation nerveuse se développe. Alors les fonctions internes perdent de leur importance dans la vie affective du bébé, au profit de causes plus externes et plus relationnelles : conflits avec l'entourage, peur, chute, bruit brutal, imposition de contrainte, frustration, etc. Ce sont ces causes qui provoqueront une majorité des cris lors du second semestre. Le premier mois, le bébé pleure par excès de stimulation, ensuite il réclame parce qu'il s'ennuie !

Tout cela n'est ni facile à comprendre ni facile à calmer. Il faut garder toujours à l'esprit que crier est pour le bébé une manière de communiquer, et pas forcément l'expression d'une souffrance. Les bébés auxquels on répond bien lorsqu'ils sont tout petits pleurent souvent, car c'est pour eux une manière de réclamer d'être encore dans les bras, d'avoir encore de la compagnie, de jouer encore. C'est plutôt bon signe. En aucune façon, cela ne prédit un enfant difficile ou triste par la suite.

Avoir un bébé qui ne pleure pas n'est en aucun cas un objectif à se fixer. Il n'y a rien de plus triste que le silence désespéré du bébé à qui l'on a signifié que c'était « mal » de pleurer ou celui qui a renoncé à réclamer parce qu'on ne lui répond jamais...

QUE FAIRE QUAND BÉBÉ PLEURE ?

Nous voici arrivés au cœur de notre sujet. Nous avons vu qui étaient ces bébés qui pleuraient beaucoup les trois premiers mois de leur vie. Nous avons expliqué le sens qu'avaient ces cris, puis nous avons passé en revue les différentes raisons, importantes ou secondaires, qu'avaient les bébés de pleurer. Pour chacune de ces raisons, lorsqu'il est possible de la comprendre, nous avons longuement expliqué comment on pouvait répondre à l'enfant et soulager ses pleurs. Restent tous les cas où l'on ne sait pas...

Bébé crie. Souvent. Et une fois sur deux on en ignore la cause exacte. Ou alors c'est trop tard : pas compris assez vite, il est parti dans une crise de colère qui n'a plus rien à voir avec la cause initiale. On veut pourtant soulager son petit, parce qu'on sent bien, au fond, que quelque chose ne va pas. On se dit que, s'il allait vraiment bien, il ne pleurerait pas tant. On se sent impuissant et malheureux à le voir et à l'entendre. On est prêt à essayer tous les trucs, tous les conseils.

Vous en trouverez beaucoup dans ce chapitre. Tous ont marché dans certaines situations, pour certains bébés. A défaut de répondre au vrai besoin, ils distraient l'enfant de sa demande. Du coup, le bébé finit souvent par s'endormir. Les bébés aiment tout particulièrement certains bruits, certains mouvements, certaines positions. Vous essaierez et vous découvrirez progressivement quels sont les goûts de votre enfant. Dans certaines situations, on sent qu'il vaut mieux tout essayer plutôt que de rester sans rien faire à écouter les cris déchirants. Apporter un réconfort devient le seul objectif en vue et il est possible de l'atteindre.

Mais avant d'en arriver là, nous verrons que, avec un peu de bon sens et d'organisation, on parvient à interpréter et donc à répondre rapidement aux besoins de base de son bébé, ce qui, avec un peu d'entraînement, supprime une grande proportion des occasions de pleurer ou de laisser les cris dégénérer.

INTERVENIR VITE ET EFFICACEMENT LES PREMIÈRES SEMAINES

Une étude de Bell et Ainsworth réalisée en 1972 aux Etats-Unis montre clairement que *« plus la mère répond vite aux cris de son enfant dans les quatre premiers mois, moins il pleure, en fréquence et en durée, par la suite. Pourtant la réaction maternelle aux cris du nouveau-né semble dépendre étroitement du milieu culturel et cette réaction a des effets différents sur le comportement du nouveau-né »*[1].

Répondre rapidement et de manière appropriée aux besoins de son bébé le calme. Cela évite la crise. Mais le bébé n'est pas patient : plus la « bonne » réponse parentale sera longue à venir, plus la durée des cris se prolongera, même au-delà de sa satisfaction, et plus l'agitation tournera à la colère.

Ce n'est pas au cours des trois premiers mois que l'on « dresse » un bébé ou qu'on lui donne des bonnes habitudes. Ni même au cours des six premiers mois. Le bébé n'en est pas à un stade mental assez sophistiqué. Mais c'est là qu'on lui donne

1. Cité par Anne-Sophie Cismaresco, in *Le langage des bébés*, Ed. J. Grancher.

confiance en lui et dans le monde. Grâce à cette confiance acquise *(« Si je suis mal, on m'aide; si je pleure, on vient me voir »),* l'enfant va pouvoir, à partir de trois mois environ, commencer à supporter l'attente, la frustration. Il saura également mieux exprimer ce qu'il désire et, progressivement, trouver en lui-même les moyens de se calmer.

Lorsque vous entendez les cris de votre bébé, vous avez envie d'y répondre. Cet instinct inné est le bon. Un bébé a besoin que l'on réponde de manière adéquate à ses demandes. Même s'il arrive que cette demande soit : *« Laisse-moi pleurer tranquille un petit quart d'heure, je me sentirai mieux après ! »* Pleurer un moment ne remet pas en question l'équilibre de son développement. Alors pas de panique !

SAVOIR RÉPONDRE AUX BESOINS DE BASE

Nous avons vu, au chapitre précédent, que les besoins de base du bébé étaient au nombre de six et qu'ils expliquent à eux seuls une grande quantité des cris. Si l'on exclut la surstimulation, qui ne concerne que les très jeunes bébés et recoupe pour les autres le besoin de sommeil, il nous reste : le besoin de nourriture, le besoin de sommeil, le besoin de téter, le besoin d'être porté et le besoin de stimulation.

Avant d'essayer tous les « trucs » pour calmer votre bébé, tâchez d'abord de voir si ses cris ne seraient pas tout simplement provoqués par l'un de ces besoins. Si oui, répondez-y. Le distraire de son besoin ne résoudra le problème que très temporairement. Donc mieux vaut s'appliquer à comprendre et répondre simplement.

- **Il a faim ?** Nourrissez-le rapidement. Ce qui veut dire soit le mettre au sein, soit avoir un biberon prêt au réfrigérateur, en prévision.
- **Il a sommeil ?** Apprenez à connaître quel lieu, quelle position et quel entourage il préfère pour s'endormir. Et couchez-le.
- **Il a besoin de téter ?** Si vous ne souhai-

tez pas qu'il reste pendu à votre sein vide, n'ayez aucun scrupule à lui confier une sucette.

- **Il a besoin de proximité?** Prenez-le contre vous, sur vos genoux ou dans le porte-bébé. Inutile pour autant de le bercer ou de marcher avec lui.
- **Il a besoin de stimulation?** Installez-le dans son transat dans une pièce où il y a « de la vie », accrochez des joujoux à sa portée, mettez-lui de la musique, jouez et parlez avec lui, etc.

Le problème est : « laquelle de ces six causes est la bonne ? » Vous avez environ cinq à dix minutes pour trouver. Au-delà, votre bébé risque, s'il est sensible à la frustration, de s'être lancé dans une agitation d'où vous aurez du mal à le sortir.

Un auteur américain, Bruce Taubman[1], a mis au point un plan très concret et très pratique pour vous aider. Il s'appuie sur la méthode des « essais-erreurs » : il s'agit d'essayer avec ordre, bon sens et rapidité les solutions possibles, jusqu'à ce que vous trouviez la bonne. Ce sera souvent le cas, si vous suivez cette logique.

La première étape consiste à tenir compte du moment où surviennent les pleurs : pendant le repas, quand bébé est seul dans son siège ou son lit, quand il est porté. Nous allons les passer rapidement en revue.

1. *Curing Infant Colic*, Bruce Taubman, Bantam Books, 1990.

Les pleurs commencent pendant le repas

Arrêtez le repas et essayez de calmer l'enfant. Si vous n'y parvenez pas, offrez-lui une tétine : il a peut-être envie de téter mais non de manger. S'il se calme en quelques minutes et qu'il reprend son repas normalement, c'est sans doute qu'il avait une crampe intestinale.

S'il se calme, puis pleure de nouveau dès que vous le remettez au biberon ou au sein, on peut faire plusieurs hypothèses, que vous envisagerez rapidement :

- **S'il est au sein et que le sein est vide** (ou s'il a vidé rapidement et entièrement son biberon), peut-être a-t-il encore faim : offrez-lui un biberon de complément et voyez s'il est heureux de le boire.
- **S'il laisse un peu de lait dans son biberon,** et cesse de pleurer si vous arrêtez le repas, concluez qu'il n'a plus faim.
- **S'il refuse un biberon de complément,** mais continue de pleurer, essayez la tétine.

Si rien de cela ne marche, reportez-vous aux deux autres chapitres.

Les pleurs commencent quand l'enfant est dans les bras ou en compagnie

Trois cas sont à envisager :

- **Bébé semble fatigué.** Mettez-le au lit, dans sa position de confort habituelle. Si les pleurs diminuent d'intensité en quelques minutes, c'est que bébé était effectivement fatigué. Il ne va pas tarder à s'endormir. Si les cris intenses persistent, il s'agit d'autre chose, et vous pouvez le relever. Proposez-lui une tétine. Si cela ne le calme pas, demandez-vous s'il pourrait avoir faim ou besoin de stimulation.
- **Bébé pourrait avoir faim** (son dernier repas date de deux heures ou plus). Offrez-lui le sein ou le biberon. Si les cris cessent, il avait effectivement faim. Sinon, essayez la tétine. Il crie encore ? Peut-être a-t-il besoin de stimulation ou est-il fatigué.
- **Bébé ne semble avoir ni sommeil ni faim.** Il a sans doute soit besoin de stimulation (jeux, échanges, musique, jouets), soit besoin de téter. Si aucun des deux ne marchent, essayez quand même le sein ou le lit.

Les pleurs commencent quand l'enfant est seul dans son transat ou dans son lit

Trois cas possibles :

- Bébé a dormi et vous l'entendez crier dans son lit. Avant de vous précipiter pour le prendre dans vos bras, attendez d'être sûr qu'il est bien réveillé, que son cycle de sommeil est terminé et qu'il vous appelle. Parfois, les bébés crient pendant leur sommeil, ou entre deux cycles, et il est recommandé de ne pas intervenir, afin de les laisser apprendre à replonger seuls dans une autre phase de leur sommeil. S'il est effectivement réveillé, que vous le prenez dans vos bras, et que ses cris ne se calment pas, posez-vous la question de la faim ou des autres besoins.
- Bébé est seul dans son siège et n'a pas dormi : il a peut-être sommeil, faim, ou besoin de compagnie.
- Bébé vient d'être glissé dans son lit alors qu'il s'était endormi dans les bras. Si les cris diminuent, pas de problème : bébé se rendort. Si les cris augmentent, tout est à refaire : vous n'avez plus qu'à relever votre bébé et l'endormir de nouveau.

Il arrive, bien sûr, qu'aucun de ces cinq besoins ne soit en cause. Comme nous l'avons vu au chapitre précédent, demandez-vous alors si bébé a soif, s'il a froid ou encore s'il est mouillé. Mais en suivant ce schéma simple et ordonné d'interventions, vous aurez passé en revue, en moins de cinq minutes, les causes essentielles de malaises des jeunes bébés et, dans bien des cas, vous l'aurez calmé.

LES CONSEILS : S'EN SERVIR ET S'EN MÉFIER

Restent tous les cas où vous ne savez pas, où vous n'avez pas réussi à apaiser votre bébé à temps. N'avez-vous pas compris ce qu'il demandait ? Pleurait-il pour rien, pour le simple besoin de pleurer ? Difficile à dire. Ce qui est sûr, c'est qu'une certaine proportion de bébés, ceux dont on dit qu'ils ont des coliques, sont plus difficiles à comprendre et à satisfaire. Ils sont normaux et en bonne santé physique et psychologique, on l'a vu, mais aussi excitables, impatients, sensibles. Leurs pleurs sont énergiques, persistants et sans raison apparente.

Prendre conseil

Etre père ou mère d'un bébé qui pleure beaucoup est une situation extrêmement inconfortable, qui peut avoir des conséquences graves sur la vie de famille et dont nous reparlerons longuement au chapitre suivant. Dans tous les cas, vous allez prendre conseil auprès de vos aînés, des grands-mères et des tantes, des copines et des cousines, des voisines et des médecins, des ouvrages et des journaux. Vous ne manquerez pas de conseils. Même si vous n'en demandez pas, on vous en donnera.

Dans les magasins, dans les parcs, des âmes secourables vous abreuveront de *« Vous n'avez qu'à... »*, ou de *« Moi si j'étais à votre place... »* Tous ces conseils sont à la fois dangereux et précieux. Dangereux, parce qu'ils semblent signifier votre incompétence : il y a une solution simple et vous ne l'avez pas trouvée, ce qui est évidemment faux. Précieux parce que d'autres mères ont vécu ces situations de crise avant vous et ont expérimenté des solutions dont elles vous font part. Pourquoi ne pas essayer avec votre bébé ? Le problème est que ces conseils seront souvent contradictoires : vous devrez vous servir de votre bon sens et de votre intuition pour faire le tri.

Deux conseils vous seront souvent donnés, dont je vous conseille de vous méfier particulièrement :

- *« Vous allaitez ? Passez donc au biberon et vous aurez la paix ! »* Sous-entendu : *« Vous n'avez pas assez de lait, ou il n'est pas assez riche, vous faites du tort à votre bébé, cessez de vous entêter, allez au plus simple, etc. »* Prenez conseil auprès de votre pédiatre : si votre bébé grossit normalement, que vous buvez et vous vous reposez suffisamment, vous avez sûrement assez de lait. En cas de baisse dans la « production », mettez votre bébé au sein plus souvent : c'est en aspirant qu'il fait monter le lait. Si votre désir profond est d'allaiter votre bébé encore quelques semaines ou quelques mois, obstinez-vous, donnez-vous les moyens de réussir votre allaitement et n'écoutez pas les sirènes du lait en poudre.

■ *« Il pleure pour rien ? Laissez donc pleurer et fermez la porte. Il fait ses poumons. Quand il aura assez il arrêtera ! »* Sous-entendu : *« Il pleure pour vous faire venir et vous venez. S'il comprend que vous ne venez plus, il renoncera à pleurer. »* Effectivement, il renoncera. Mais à quel prix psychologique ? Laisser systématiquement un petit bébé pleurer seul dans son lit est prendre un vrai risque. C'est aussi aller à l'inverse de ce que toute mère ressent au fond d'elle-même.

Prenez des notes

Que faire des autres conseils ? Ecrivez-les. Ouvrez un petit carnet et notez-y tous les *« y'a qu'à »* et les *« vous devriez »* que vous entendez ou que vous lisez à droite et à gauche. Ils vous donneront des idées. Au milieu, se cachent sûrement des perles.

Quand vous n'aurez plus d'idées, vous serez content d'avoir toujours quelque chose à essayer avec votre bébé. N'hésitez pas à mélanger les conseils, à les adapter, à les modifier. Vous seul connaissez votre bébé, alors soyez flexible et créatif. Ne croyez pas que parce qu'une chose a marché lundi, qu'elle fonctionnera encore mardi. Peut-être faudra-t-il en essayer une autre. Tout ne marchera pas. Certains conseils ne marcheront que dans quelques semaines, quand votre bébé sera plus grand, alors gardez-les en réserve pour les réessayer plus tard. Certains trucs demandent plusieurs minutes pour agir, alors ne renoncez pas trop vite !

Vous n'avez pas à vous sentir coupable en public parce que votre bébé se met à hurler, ni à être gêné d'essayer un truc d'apparence « bizarre » mais dont vous connaissez l'efficacité. Tant pis pour l'opinion d'autrui ! Vous faites de votre mieux, face à l'urgence de la situation. Enfin, si ces cris vous énervent vraiment, vous ne serez pas en état de calmer votre bébé : alors allez plutôt faire un tour dehors pour vider d'abord votre propre colère... Vous y croisez votre voisine qui vous assène un nouveau *« y'a qu'à » ?* Confiez-lui donc votre bébé quelques heures, puisqu'elle est si calée sur les cris des tout-petits et qu'elle sait si bien s'y prendre !

LES IDÉES QUI ONT FAIT LEURS PREUVES

Des « trucs » à essayer

Vous avez appliqué la technique du chapitre précédent, mais, pour une raison encore mystérieuse, votre bébé crie toujours. Vous avez essayé le sein ou le biberon, la tétine, le lit, les bras, le jeu, rien n'y a fait. Ou alors il était trop tard... Passant aux raisons secondaires, vous avez sondé la couche, enlevé un gilet de trop, proposé un petit biberon d'eau, tenté d'obtenir un rot, toujours sans résultat. Bébé doit être fatigué, pourtant, mais il ne lâche pas prise et pleure toujours.

Pas de découragement ! Même si vous ne comprenez pas pourquoi votre bébé crie avec cette énergie ou geint depuis une heure, vous pouvez tenter de le soulager.

Voici des idées, des « trucs » glanés ici ou là, qui ont fait leurs preuves. S'ils ne résolvent pas le problème (la demande non résolue risque de se reposer, identique, le lendemain, ou deux heures plus tard), ils distraient un temps l'enfant de sa crise, et peuvent donc le calmer temporairement, ce qui est parfois suffisant pour soulager les parents. Ce sont aussi des mesures qui permettent aux parents, dans des situations où l'impuissance est tellement frustrante, d'être actif et de faire du bien à leur bébé. Certains trucs vous paraîtront sans doute absurdes ou surprenants : ce sont peut-être les plus intéressants... N'hésitez donc pas à les essayer, à en inventer de nouveaux et, s'ils marchent, à me les envoyer (ils seront ajoutés à une prochaine édition).

Le système de fermeture

Une règle régissant le système nerveux des petits bébés est à connaître, car elle explique à elle seule la réussite de beaucoup de ces « trucs. » Ce système, encore neuf, est facilement débordé. Lorsque le bébé reçoit un trop grand afflux de sensations ou d'informations simultanément, il ferme certains canaux de façon à ne plus laisser « rentrer » que certaines sensations, les plus prégnantes, ou bien celles qui suivent les canaux les plus matures. Ceci explique que le bébé ne puisse téter et prêter attention à quelque chose de fin en même temps. S'il regarde ou écoute attentivement, il cesse de boire ou de sucer sa tétine. S'il est surstimulé par trop d'informations, il tourne la tête et se met à pleurer, ce qui l'isole et le rend indifférent à l'extérieur.

Vous pouvez vous servir de ce système pour

calmer votre bébé : en saturant son système nerveux avec une sensation forte, ou importante pour lui, venant de l'extérieur (le bercer, lui parler, le nourrir, lui donner une sucette), vous enclenchez le système lui permettant de fermer la réception des sensations intérieures de malaise, celles qui le font pleurer. Un bébé qui sait trouver son pouce pleure moins que les autres, par exemple, parce que téter distrait du reste.

Mais attention : cela ne marche que si les sensations venant de l'intérieur ne sont pas trop fortes. Un bébé qui a vraiment faim ne sera pas calmé longtemps par une musique, une tétine ou un bercement... En revanche, il est clair qu'être bercé dans les bras de maman peut consoler et compenser un moment des inconforts mineurs, qui peuvent se trouver suffisamment inhibés pour ne plus être ressentis par l'enfant.

DES MAMANS TRANSMETTENT AUX MAMANS

Remplir la bouche

1. Le sein

Le plus efficace, la solution miracle que les mères utilisent pour calmer et endormir leur bébé depuis des millénaires et sous toutes les latitudes, c'est de lui glisser le sein dans la bouche. Cela comble à la fois son besoin de nourriture, son besoin de téter, son besoin de proximité...

Alors si vous ne craignez pas les crevasses, et même si vous n'avez pas assez de lait pour le nourrir, allez-y! Ce n'est peut-être pas très adapté à notre société moderne et technologique, mais c'est encore ce que l'on a trouvé de plus efficace. On ne pouvait pas ne pas commencer par là!

2. Le doigt

Autre possibilité, ersatz de la précédente. Si vous êtes en public (réunion de famille, queue dans un magasin, etc.), votre bébé hurlant dans vos bras, et que vous ne pouvez, sur le moment, lui proposer ni biberon ni tétine, glissez-lui le bout de votre auriculaire (ongle ras, bien sûr) dans la bouche. Il va la refermer sur votre doigt et se mettre à le téter avec l'énergie du désespoir. Cette solution, très temporaire, vous assure un répit de quelques minutes.

3. La couche en tissu

Si votre bébé a des velléités de sucer son poing ou son pouce, laissez-le faire. Vous pouvez même l'y aider, mais il s'agit d'un geste difficile pour les tout-petits. Certains aiment autant tétouiller un tissu posé près de leur visage : petit foulard en soie que maman a porté autour de son cou ou couche en tissu qui garde l'odeur rassurante de jour en jour font très bien l'affaire.

Imprimer un mouvement

Le système vestibulaire du bébé est mature dès la naissance et il est stimulé par tout mouvement rythmique. Ces sensations de balancement ou de bercement lui permettent d'en oublier d'autres, plus inconfortables.

4. Le porte-bébé

Transformez-vous en femme-kangourou, pour le plus grand plaisir et le plus grand calme de votre bébé. Avec un peu d'entraînement, vous pourrez, votre bébé sur le ventre, lire, cuisiner, passer l'aspirateur ou faire vos courses (solution bien plus pratique et efficace que la poussette ou le landau où le bébé se retrouve seul).

Solutions plus exotiques, mais tout aussi efficaces : l'écharpe, le hamac, le pagne africain, etc. Bébé est bercé, au chaud, dans une odeur et des bruits qu'il aime : il n'en demande souvent pas davantage.

5. Porter dans les bras

Variante plus fatigante de la précédente, mais souvent efficace. Bébé pleure, vous le prenez il se tait, vous le reposez il recommence. Il affectionne particulièrement la position verticale, tête sur l'épaule (il voit ce qui se passe derrière vous). Pour se sentir bien, et se construire une bonne sécurité de base, il a besoin que le bas de sa colonne vertébrale soit solidement soutenu, par une main ou un bras passé sous les fesses ou entre les jambes.

6. Promener

Avoir son bébé dans les bras n'est pas toujours suffisant pour le calmer. Parfois il faut marcher avec lui, plus ou moins vite, ou danser, ou sautiller.

7. Bercer

Les berceaux d'antan ont disparu et c'est bien dommage. Nos ancêtres avaient compris qu'un mouvement répétitif et doux calme un bébé. A vous de remplacer le berceau et d'essayer les différents mouvements, pour voir celui qui marche le mieux : bercement frontal, latéral, léger, plus accentué, etc. Interrogez les familles de province et les antiquaires alentour : on trouve encore des moïses que l'on balance du picd ou que l'on accroche au plafond. A défaut, un vieux landau de style anglais peut donner le même résultat.

8. Se balancer

Vous disposez d'une balancelle ? D'une balançoire ? D'un hamac ? D'un fauteuil à bascule ? D'une chaise pivotante ? Installez-vous confortablement dedans, votre bébé dans les bras. Balancez-vous ensemble et partagez ce moment de relaxation.

9. La gymnastique

La gym «maman-bébé» est très à la mode. C'est peut-être le moment de vous y mettre. Si vous manquez d'idées, certaines cassettes-vidéo vous offrent des programmes que vous n'avez plus qu'à suivre. Essayez les abdominaux avec bébé sur les jambes, les grands pliés avec le kangourou sur le ventre et le travail des pectoraux avec bébé à bout de bras. Soyez inventive et gaie. Mettez une musique dynamique, sautez sur le lit avec votre bébé dans les bras, apprenez-lui à «pédaler» avec les jambes, à faire des rouleaux avec les bras, etc.

10. Le youpala

Certains bébés adorent être mis dans ce petit siège suspendu où ils se balancent et apprennent rapidement à imprimer eux-mêmes un mouvement. Je vous le déconseille tant que votre bébé ne sait pas tenir sa tête et même alors, ses stations dans le youpala ne doivent pas durer trop longtemps (certains bébés y passeraient leur journée !). Mais pourquoi en priver ceux qui aiment ?

11. Le tour en voiture

Bien des parents n'ont trouvé, en désespoir de cause, que cette solution pour calmer leur bébé qui s'obstinait à hurler plutôt que de se rendormir après la tétée de trois heures du matin. On enveloppe l'enfant dans une grande couverture, on l'installe au chaud dans son lit d'auto, et on part faire le tour du quartier. Avec le mouvement et le ronronnement du moteur, certains bébés se calment très vite. Mais gare aux feux rouges ! Une fois bébé bien endormi, le plus dur consiste à le transporter dans son lit sans le réveiller... sinon tout est à refaire.

De jour, le bus peut remplacer la voiture : certains bébés n'ont rien contre les transports en commun, au contraire. L'essentiel réside dans les vibrations régulières.

12. La promenade en poussette

Si la crise survient dans la journée, et que ce n'est pas le moment du repas, n'hésitez pas à habiller votre bébé et à l'emmener faire un tour en poussette. Le changement d'air, le paysage qui défile, les petits sursauts du véhicule, tout cela peut avoir une effet calmant, lui permettre d'arrêter ses cris et l'aider à s'endormir. A défaut, vous serez au moins, vous, sortie de ce tête-à-tête éprouvant et vous vous serez détendue en marchant un moment à l'air libre. La promenade à l'air frais est bonne pour tout le monde, pas seulement médicalement, mais aussi psychologiquement. A moins qu'il ne fasse très froid ou très humide, un bébé bien couvert ne risque rien.

Si vous possédez un lave-linge à hublot, vous pouvez aussi installer votre bébé face au hublot : le spectacle du linge qui tourne, fascinant, lui fera bien souvent oublier ses chagrins.

13. La machine à laver

Le lave-linge, le lave-vaisselle et le sèche-linge peuvent être d'un grand secours pour les bébés sensibles au ronronnement des moteurs et à leurs vibrations.L'idée est d'allonger l'enfant confortablementdans un siège pour bébé (transat ou siège auto), puis d'arrimer celui-ci solidement sur la machine. La chaleur humide, les vibrations et le bruit régulier sont souvent d'un effet radical. Pratique pendant que vous préparez le repas, à condition que la machine soit dans la même pièce, bien sûr.

Le contact corporel

La peau des bébés est très sensible et le contact une dimension importante de leur confort. Une peau sensible n'est pas seulement une peau qui s'irrite facilement au contact des couches ou qui brûle vite au soleil, mais une peau qui ressent ce qui la touche avec une grande intensité. La peau est une enveloppe protectrice à travers laquelle l'enfant apprend beaucoup : elle distingue l'intérieur de l'extérieur (le moi du non-moi), elle relie entre elles les différentes parties du corps, elle renseigne sur le monde environnant, etc. Les contacts peau-à-peau que l'on peut établir avec son bébé transmettent des messages que l'enfant reçoit très bien, et auxquels il répond à sa manière, par une modification de posture, de rythme respiratoire ou de vocalisations.

14. Les massages

Masser un bébé ne s'apprend pas dans un livre. Les gestes sont à trouver dans votre propre sensibilité corporelle. L'essentiel est que vous soyez parfaitement détendu et concentré sur le contact que vous établissez. Le contact de la main doit être sûr, mais délicat : votre bébé n'est ni un catcheur ni une porcelaine de Chine. Vous pouvez masser le ventre de votre bébé si vous avez l'impression qu'il a une digestion difficile, avec des gestes doux et circulaires. Pour lui masser le dos, allongez-le sur le ventre (s'il n'aime pas, vous pouvez aussi le tenir simplement verticalement contre votre corps) et descendez lentement une main après l'autre le long de son dos. Il est important que l'une de vos mains soit toujours en contact avec son corps.

Si votre enfant et vous y trouvez du plaisir, vous pouvez lui faire un massage de tout le corps en utilisant une huile de massage (huile d'amandes douces, par exemple). Mais soyez attentif à la température : certains enfants sont sensibles au froid et ont horreur d'être nus.

15. Tapoter

Une fois l'enfant couché, installez-vous confortablement à côté de lui et tapotez doucement mais régulièrement son dos ou ses fesses. Vous pouvez varier le mouvement, son intensité et son rythme, parfois en imprimant un léger mouvement de roulis de gauche à droite ou d'avant en arrière, et vous trouverez sûrement celui qui calme votre bébé. Le mouvement imprimé doit être lent, hypnotique et calmant : ne pas appliquer cette technique quand vous vous sentez énervé et désireux de décharger vos tensions... Il ne s'agit pas de fessées !

16. L'eau chaude

Certains enfants seront calmés admirablement par un bain dans lequel ils pourront vider leur tension interne. L'eau doit être bien chaude et le bain durer un certain temps : si vous y prenez plaisir aussi, c'est une bonne solution. Mais attendez quand même deux ou trois mois avant de prendre votre bain ensemble.

Si vous avez un jacuzzi, essayez-le : les bulles et le mouvement de l'eau peuvent avoir un effet radical. Enfin, vous pouvez essayer également de prendre une douche avec votre bébé dans les bras. Le contact de votre peau, de l'eau chaude, et le bruit régulier, peuvent offrir un très bon résultat. Mais n'essayez pas de vous savonner en même temps !

17. La bouillotte

Un enfant dont vous sentez qu'il a mal aux intestins sera grandement soulagé par une bouillotte plate, remplie d'une eau pas trop chaude mais confortable, que vous glisserez sous lui. A défaut, vous pouvez utiliser une simple serviette de toilette qui vous aurez bien chauffée sur un radiateur avant de la plier et de la glisser sous son ventre.

18. La peau de mouton

Répandue aux Etats-Unis, cette pratique est peu connue en France. Le contact avec une peau de mouton n'est jamais aussi froid que celui de l'alèse, du drap ou du matelas. La laine épaisse est douce, chaude, rassurante. Elle amortit les mouvements. Elle procure au corps du bébé des sensations proches de celles ressenties dans les bras parentaux (surtout s'ils portent un pull de laine !).

Si vous endormez votre bébé dans vos bras, déjà enveloppé dans la peau de mouton, vous le déposerez ensuite dans son lit, toujours enveloppé, en prenant beaucoup moins de risques de le réveiller (il n'y aura pas l'effet saisissant du drap froid).

Contrairement à certaines croyances, la peau de mouton est hygiénique : elle absorbe la sueur, laisse circuler l'air et se lave en machine sur un cycle pour linge délicat. A défaut de peau de mouton, vous pouvez utiliser un très grand pull de laine douce (genre pull de ski) que vous réserverez à cet usage.

19. L'emmaillotage

Depuis la nuit des temps et encore dans de nombreux pays, l'emmaillotage était la façon habituelle de couvrir les bébés. Il suffit de regarder les tableaux anciens pour s'en convaincre. Récemment, il a été décidé que cette manière de faire entravait la libre gesticulation de l'enfant, donc nuisait à son développement précoce et harmonieux, et devait être reléguée aux oubliettes. C'était oublier un peu vite le rôle apaisant de l'emmaillotage sur les très jeunes bébés (de la naissance à six semaines environ).

Un bébé emmailloté se sent bien pour au moins trois raisons : il est protégé de ses propres mouvements réflexes qui souvent le réveillent et le font pleurer; il est au chaud; il retrouve des limites enveloppantes à son propre corps, semblables à celles qu'il connaissait dans le ventre maternel.

La technique est simple. Prenez un grand lange, un protège-matelas rectangulaire, une petite couverture ou un châle. L'été, utilisez un petit drap de berceau en coton. Couchez l'enfant sur le lange posé à plat, positionné pointe en haut, au-dessus de sa tête (l'enfant est couché dans la diagonale du tissu). Laissez les jambes et les bras fléchis, les mains libres au cas où il voudrait sucer ses doigts. Rabattez le coin du bas du lange sur ses jambes, puis alternative ment les coins des deux côtés en les roulant autour du bébé, de façon que les bras soient tenus. Pour fermer, vous pouvez soit replier et coincer une extrémité, soit utiliser une épingle de sûreté. Le coin du haut permet d'avoir chaud à la tête et à la nuque.

Le bébé ne doit pas être emmailloté trop serré, mais suffisamment pour se sentir enveloppé et empêcher les mouvements intempestifs. Ensuite, couchez-le tel quel dans son berceau, sur le côté droit, le dos contre le côté du berceau (ou contre une couverture roulée). Si vous craignez qu'il bascule, placez contre son ventre une peluche ferme. Déposez-le de telle façon que sa tête touche le haut du lit ou du couffin.

20. La boîte en carton

Les très jeunes bébés (le premier mois) sont à l'aise et en sécurité s'ils se sentent entourés de limites proches, comme dans le ventre maternel. Si vous ne disposez que d'un couffin ou d'un berceau dans lequel l'enfant « nage » et dont il ne peut sentir les côtés, essayez ceci. Trouvez une grande boîte en carton à la dimension de votre nouveau-né endormi. Rembourrez-la avec une grosse couverture plusieurs fois repliée ou des vieux pulls confortables. Couchez-y votre bébé, de telle façon que sa tête touche le haut de la boîte. Ce petit berceau improvisé va lui assurer confort et sécurité, au point qu'il risque d'y dormir bien mieux que dans le grand.

21. Dormir avec son bébé

Le nouveau-né, habitué aux mouvements et aux bruits du corps maternel, sensible dès les premiers jours de sa vie à son odeur, n'a qu'un désir : s'y nicher. S'il est pratique pour vous de prendre votre bébé à vos côtés, ou du moins de poser son couffin tout contre votre lit, pendant les premières semaines, pourquoi pas ? Cela sera plus facile si vous souhaitez allaiter sans nécessairement avoir à vous lever. Certains bébés ne s'endorment calmement que près de leur mère. Avant l'âge de trois mois, votre bébé regagnera sa chambre.

Les bruits et les sons

Le système de l'audition est, chez l'enfant, très bien développé dès la naissance, mieux que la vue par exemple. Certains sons monotones ou rythmiques, comme des ronronnements par exemple, peuvent mobiliser le système nerveux de façon prioritaire, et permettre ainsi au bébé d'oublier provisoirement les malaises provenant par d'autres canaux.

22. La parole

Il est très étonnant de voir un bébé, perdu au milieu de ses cris, s'arrêter soudain de pleurer et tourner sa tête vers vous, simplement parce que vous l'avez appelé par son prénom et que vous avez commencé à vous adresser à lui en lui parlant doucement. Mais cela ne suffira généralement pas à le calmer durablement et les pleurs reprendront bientôt.

Vous pouvez aussi vous servir des bruits que vous faites avec votre bouche pour endormir votre bébé déjà installé dans son lit. Suivez son rythme respiratoire, puis ralentissez très lentement, avec des « chuuuuut », des « rrrrr.... » ou des inspirations et expirations audibles.

23. Les chansons et les comptines

Ne dites pas que vous chantez faux ou que vous ne connaissez aucune chanson : ce ne serait que de mauvaises excuses. De tout temps, les mères et les nourrices ont endormi les enfants avec des berceuses. Cela pour une bonne raison : ils sont calmés par les rythmes lents, occupés à écouter, et ils oublient suffisamment leurs tourments pour s'endormir. Si vous ne possédez à votre répertoire que la Marseillaise ou les succès du Top 50, pourquoi pas, du moment que vous chantez doucement et que vous associez une ou deux chansons précises au moment du sommeil.

24. La boîte à musique

Les mobiles musicaux ou les peluches avec une boîte à musique font maintenant partie de toutes les panoplies ludiques. Si vous prenez l'habitude de la mettre en route au moment du coucher et de l'endormissement, il se peut que vous conditionniez votre bébé à se calmer et s'endormir lorsqu'il entend la musique. Mais enfin, n'en attendez pas de miracle...

25. Les cassettes de relaxation

Ce qui marche pour nous marche aussi pour nos enfants. Une cassette de musique « planante » destinée à accompagner une séance de relaxation peut tout à fait contribuer à la détente de votre bébé. Dans la veine écologique, vous avez le choix entre le chant des baleines, le bruissement du vent dans les feuillages, le roulement des vagues, la chute des cascades ou les bruits intérieurs du corps. Sinon, on fait aussi de belles choses avec un synthétiseur...

26. Les bruits d'eau

Ils sont nombreux, dans le ventre maternel. L'enfant y est habitué. Si sa chambre est proche de la cuisine ou de la salle de bains, essayez le goutte-à-goutte du robinet qui fuit dans l'évier ou le lavabo (peut être remplacé par un métronome). On m'a parlé d'un bébé qui se calmait instantanément à l'écoute de la chasse d'eau.

Plus sérieusement, le bruit des bulles d'un aquarium est particulièrement calmant, ainsi que la lumière paisible qu'il produit, et le spectacle permanent qu'il offre. Pourquoi ne pas en installer un dans la chambre d'enfant ?

27. Les appareils ménagers

Essayez ceux qui ronronnent : il serait bien étonnant qu'aucun ne marche. Entre l'aspirateur, le ventilateur, le séchoir à cheveux (la sensation de chaleur sur le corps peut elle aussi être calmante et fort agréable), vous avez le choix.

Moyens divers

28. Les médicaments

Je vous déconseille formellement d'administrer à votre tout jeune bébé des sirops calmants ou autre médication destinée à le faire dormir. Les effets peuvent en être dramatiques, en tout cas plus graves que le mal qu'ils sont censés soigner. Si vraiment, vous ne tenez plus le coup, passez au conseil suivant et prenez vous-même un somnifère !

Je vous livre telle quelle la liste des derniers moyens que j'ai recueillis. A vous de les tester, ou d'en trouver de nouveaux. Certains parents ont découvert par hasard que leur bébé était régulièrement calmé par :

— Le bruit des essuie-glaces.
— Un sifflement régulier.
— La télévision.
— Le reggae, les cantates de Bach, etc.
— Les craquements du feu de bois.
— Une tisane (fleur d'oranger, tilleul, etc.).
— La présence du chien ou du chat de la maison.
— Des affiches renouvelées accrochées à sa hauteur.
— Des allers et retours en ascenseur.

LAISSER LE BÉBÉ APPRENDRE À SE CALMER

Il faut être raisonnable. Autant il est important, je le répète, de répondre rapidement au nouveau-né en demande de quelque chose, même si l'on ne sait pas de quoi, autant il serait absurde de ruiner sa propre santé et l'équilibre familial pour tenter de satisfaire en vain des cris trop fréquents. L'horaire appliqué doit être vivable.

Passé les deux ou trois premiers mois, vous devez pouvoir retrouver des nuits presque normales, sinon vous ne tiendrez pas le coup. A cet âge, l'enfant peut très bien apprendre à pleurer pour vous faire venir et se servir de ce pouvoir à minuit, deux heures, quatre heures et six heures du matin. A vous de lui faire comprendre que vous avez besoin de repos et que la vie de toute la famille ne doit pas n'être suspendue qu'à ses exigences. Personne ne peut vivre durablement de cette façon.

Vous aimez votre enfant et prenez soin de lui : ce n'est pas une raison pour en devenir esclave. Si vous savez qu'il n'est pas en danger, qu'il n'a ni faim, ni froid, ni mal, si vous avez tout essayé et qu'il continue à pleurer, il n'y a aucun problème à laisser votre bébé pleurer un petit moment hors de votre portée. Peut-être que ses cris signifient simplement : *« Laisse-moi un peu seul, je me sens mal et j'ai besoin de soulager ma tension. »* Cela vaut mieux, de toutes façons, que de vous énerver parce que vous n'arrivez pas à le calmer... De même, lorsqu'il aura passé deux mois environ, si vous êtes au téléphone, sous la douche, ou en train de préparer une sauce blanche, ne lâchez pas tout à l'instant même où votre enfant commence à appeler : il peut vous attendre un moment (sauf, bien sûr, si ses cris sont soudains et perçants, auquel cas précipitez-vous : c'est une question de bon sens).

Il est même, par certains côtés, important que vous ne répondiez plus immédiatement à ses demandes. Comme nous l'avons vu précédemment, à trois mois, un bébé est capable de supporter, progressivement, une certaine frustration. Cela lui donne le temps de développer des techniques visant à se calmer lui-même et qu'il ne découvrira jamais autrement. Il est capable d'imaginer ce qui va se produire : vous allez venir, le prendre dans vos bras, lui préparer son biberon ou le mettre au sein. Toute cette activité fantasmatique préfigure l'imaginaire. L'enfant rêve, imagine, anticipe et cela l'aide à attendre.

A trois mois, votre bébé est capable de s'intéresser à ce qui l'entoure. Ne pas répondre tout de suite, c'est aussi lui permettre d'explorer son environnement : cette peluche si douce, ces hochets suspendus au-dessus du lit et qui font du bruit lorsqu'on les agite, cette mouche qui marche au plafond, les reflets des rayons de soleil sur le mur, ces pieds qui s'agitent si drôlement au bout du lit...

Enfin, à trois mois, votre bébé est capable de prendre son pouce (ou ses doigts ou le dos de sa main) et de le porter à la bouche. Cette activité de sucer trompe la faim un moment si c'est cela qui est en question, l'apaise si c'est le moment de dormir, le console de toutes manières. Une fois que le bébé aura découvert cette possibilité qui est la sienne de satisfaire lui-même son besoin de téter, vous aurez moins besoin de vous précipiter et votre bébé pleurera moins souvent et moins longtemps. Il n'aura pas besoin de vous pour soulager ses petits malaises mais saura le faire lui-même.

Cet espace qui lui est propre et qu'il va apprendre à meubler, espace que vous lui ménagez entre sa demande et la réponse que vous lui apportez, c'est aussi ce qui lui permettra d'accéder à l'ordre imaginaire, puis à l'ordre symbolique, et donc à la parole. Continuez à satisfaire les besoins de votre enfant. Mais, ce qui est de l'ordre du désir, il commence à être capable d'y faire face. Le lui permettre, c'est aussi lui offrir un début d'autonomie et de confiance en ses propres capacités.

CHANGER SOI-MÊME DE PERSPECTIVE

N'oubliez pas le début de ce livre : les cris ont du bon. Ils sont une marque de vie et d'énergie de la part du bébé. Une certaine quantité de pleurs est nécessaire et témoigne de sa bonne vitalité. N'avez-vous pas expérimenté vous-même qu'il entre une dose de plaisir dans le fait de crier un bon coup, à pleins poumons ? Si non, isolez-vous et essayez, à un moment où vous vous sentez tendu : vous verrez, cela soulage. Ne pas perdre de vue le côté positif des cris du bébé est déjà une façon de changer sa perspective et de prendre du recul par rapport à une situation qui peut vite devenir insupportable.

Il en existe trois autres, toutes importantes à explorer, sur lesquelles nous reviendrons au chapitrc suivant.

Confier son bébé

On n'est pas une mauvaise mère parce qu'on confie son bébé une heure, une nuit ou une journée entière à son mari, à sa sœur, à sa mère, à sa copine ou à son voisin de palier ou à une baby-sitter. Personne ne peut sereinement supporter vingt-quatre heures par jour un bébé qui crie beaucoup.

Malgré tout votre amour et vos bonnes résolutions envers votre bébé, vous avez parfois besoin d'un break, d'une récréation, d'une nuit de sommeil, de ce que vous voulez, mais loin de votre bébé. A un certain niveau de tension et de pression, vous n'êtes plus en état de le calmer, de toutes façons. Vous avez droit à un espace à vous, où vous n'êtes pas entièrement dévouée à la maternité. Vous avez droit à la détente, à l'escapade ou au tête-à-tête avec votre conjoint. Votre bébé et vous avez tout à y gagner. Alors acceptez-le et passez la main. Et ne vous vexez pas s'il a passé une très bonne nuit chez Mamie...

L'accepter comme il est

Vous rêviez sans doute en clichés de cinéma : un bébé tendre et rose, calme et doux, s'endormant paisiblement dans vos bras cajoleurs. Mais la réalité est différente et ce n'est pas de votre faute. Accepter son bébé comme il est, et non comme on l'a rêvé, peut prendre un certain temps et cette période n'est pas propice à l'établissement d'un équilibre commun.

Je le répète : votre bébé n'est pas plus malheureux qu'un autre parce qu'il crie plus fort. C'est simplement, bien souvent, qu'il est plus sensible et l'exprime davantage. Alors changez votre état d'esprit, votre attente, et commencez à admettre véritablement que les choses sont comme elles sont et votre bébé celui qui est là. Non celui que vous souhaitiez il y a quelques mois et qui n'existera jamais. Une fois que vous commencerez à accepter l'état émotionnel dans lequel est votre bébé et ses manières particulières de s'exprimer, vous serez plus à même de vous réjouir de vos moments de paix partagés, si brefs vous semblent-ils.

Remettre les choses en perspective, c'est aussi savoir que tout change, et votre bébé le premier. D'ici deux ou trois mois, les choses se seront arrangées, parce qu'il sera plus grand, qu'il saura mieux jouer, saura mieux s'exprimer, et que vous le comprendrez mieux. Il aura gagné en sécurité intérieure et vous en confiance dans vos qualités maternelles. Prenez patience. La frustration que vous ressentez va bientôt se muer en une vraie joie de vivre et de découvrir un bébé gai et curieux de tout.

Vous accepter comme vous êtes

Comme l'écrit si joliment S. Kitzinger, vous n'avez pas à être un mélange de la Vierge Marie et des « Cosmo girls », parfaite sur tous les plans. Ne mettez pas votre fierté dans le fait d'avoir un bébé calme, un dîner qui embaume la maison, un ventre redevenu plat et un brushing parfait. Ne vous laissez pas enfermer dans la culpabilité : on a toujours tendance à se sentir mauvaise mère lorsque son bébé ne s'endort pas, repu, une fois le lait avalé.

Si votre bébé ne se calme pas malgré tous vos efforts, alors dites-vous pour une fois qu'il a besoin de pleurer et pensez à autre chose. De même si vous sentez la colère ou l'énervement monter, arrêtez. Servez-vous des techniques de relaxation apprises lors des séances de préparation à l'accouchement. Détendez-vous, mettez une musique que vous aimez, faites-vous une tasse de thé, occupez-vous l'esprit avec un bon roman. C'est souvent à ce moment-là, lorsque vous cesserez d'essayer à tout prix de faire dormir votre bébé et que vous renoncerez à agir qu'il va se calmer pour de bon. Comme s'il se disait : *« Maman s'assied, elle se détend, elle est bien, je peux donc me détendre aussi. »*

LES EFFETS DES CRIS SUR LES PARENTS

Un livre sur les cris des bébés ne serait pas complet s'il ne se préoccupait que du point de vue de l'enfant et n'offrait de conseils que sur l'art de le faire taire. Les parents qui subissent les cris, et particulièrement la mère qui est souvent présente un temps plus long dans la journée du fait du congé de maternité, sont en première ligne. Eux aussi souffrent, sans doute plus que l'enfant. C'est donc à eux, et surtout à elle, que seront consacrés les derniers chapitres de cet ouvrage.

LES EFFETS DES CRIS SUR LES PARENTS

LES SIGNES DU STRESS

Pour commencer, il est bon d'énoncer quelques données physiques concernant les cris des bébés et leurs effets.

Citons Madame Cismaresco[1] : « *Le cri du nouveau-né a une fréquence fondamentale, c'est-à-dire la fréquence de vibration des cordes vocales, qui varie de 350 à 500 Hz, avec des renforcements d'énergie se situant dans une zone allant de 1 500 à 5 000 Hz. A titre de comparaison, la fréquence fondamentale moyenne de la parole est de 100 à 150 Hz pour les hommes, de 200 à 250 Hz pour les femmes et de 300 à 350 Hz pour les enfants. En outre, le cri néo-natal a une durée de 1 à 4 secondes et une intensité de 82 dB, pour un enregistrement réalisé à une distance de 30 cm de la bouche. Rappelons que le champ auditif humain s'étend de 0 à 140 dB à 250 Hz et que sur le tableau des niveaux de bruit en dB établi par les physiologistes, 70 dB équivalent à une rue très active ou à une voix forte et 90 dB au rugissement du lion à quelques mètres...* »

Pas étonnant qu'un cri si puissant ait des répercussions sur l'organisme de celui qui le subit ! On savait déjà que le cri du bébé avait un effet direct sur le réflexe d'éjection du lait. C'est sans doute

1. In *Le langage des bébés*, sous la direction de M.-C. Busnel, Ed. J. Grancher.

pour cette raison qu'une étude a montré que les mères qui allaitent répondent plus rapidement aux cris de leur bébé que celles qui n'allaitent pas : la mère qui a une montée de lait est généralement aussi pressée que son bébé de le mettre au sein ! Une autre étude, finlandaise celle-ci, a mis en évidence un lien direct entre le cri du bébé et l'augmentation de la température cutanée du sein. Néanmoins, on observe de grandes différences interindividuelles dans les réponses aux cris de son bébé, tant sur le plan physiologique qu'émotionnel.

Des recherches américaines ont tenté de mettre en évidence des indices de réaction aux cris prolongés d'un bébé âgé de quelques semaines. Voici les résultats : augmentation de la pression sanguine, accélération du rythme respiratoire, sudation des paumes des mains. Tous ces signes sont également ceux qui témoignent d'un stress important. Cela montre que le cri du bébé est l'un des plus puissants signaux de détresse chez les êtres humains et qu'il est fait pour susciter une réaction immédiate. Impuissant et coincé un long temps en présence d'un bébé qui crie, l'adulte déclenche des réactions secondaires, d'ordre psychologique celles-ci, toujours liées au stress.

Dans les effets physiologiques, il ne faut pas oublier le manque de sommeil, et ses effets directs sur l'irritabilité du caractère et la fragilité affective.

BÉBÉ RÊVÉ, BÉBÉ RÉEL

Les effets physiologiques ne sont pas seuls en cause. Les effets psychologiques sont aussi importants et lourds de conséquences, même si les uns et les autres ne sont pas toujours faciles à distinguer. La privation de sommeil, par exemple, entraîne une sensibilité beaucoup plus grande et diminue les facultés de résistance. Difficile de garder un bon moral dans une situation difficile si on ne récupère pas des forces la nuit. Or un bébé qui crie beaucoup crie généralement aussi bien la nuit que le jour.

« Je ne savais pas que c'était si difficile d'avoir un bébé! » Voilà une phrase que le médecin est appelé à entendre assez souvent et qui témoigne d'une vraie déception. Vous avez passé des mois à rêver de votre vie avec bébé, des journées à préparer la chambre, garnir le couffin, chercher un prénom. Vous avez idéalisé cette relation en parlant doucement à votre bébé tout en vous caressant rêveusement le ventre. Tout cela est normal et fait partie du processus de la grossesse : c'est ainsi que vous vous êtes préparée mentalement à l'engagement total que représente cette nouvelle naissance.

Puis le bébé est né, et il a cassé le rêve. Rien ne ressemblait à ce que vous aviez imaginé. Comment accepter sereinement que le bébé en question soit devenu ce petit monstre hurleur qui occupe vos jours et vos nuits, qui épuise votre belle énergie et qui vous dévore au sens propre comme au sens figuré ?

Après des mois de rêves bleus, vous faites une overdose de réalité. Ce bébé ne correspond pas à votre attente. D'accord. Vous avez le droit d'être déçue et même d'être en colère. A entendre les récits de certains pères et de certaines mères, ce n'est pas les sentiments de violence qu'ils sentent parfois monter en eux qui m'étonnent, mais à quel point ils se contrôlent merveilleusement, surtout ceux qui sont isolés et sans soutien ou relais d'aucune sorte.

Une naissance qui se passe bien laisse souvent la mère dans un état proche de l'extase. On a fait quelque chose de formidable, on a mis au monde un bébé magnifique, parfait, sur lequel tout le monde s'extasie ! Avec la survenue du « baby-blues » autour du quatrième jour, on se sent un peu moins bien, mais la lune de miel continue. On s'attendait à un passage à vide, on sait que l'on va récupérer. Mais si le bébé se met à pleurer de manière inconsolable une fois rentré à la maison, la mère peut se sentir anxieuse, perdue, débordée, frustrée. Elle peut avoir envie de crier ou de pleurer elle aussi, et finir par se dire que ce qu'elle vit ne ressemble en rien à ce qu'elle imaginait.

Accepter cette difficulté qui est peut-être la vôtre à construire avec la réalité est la première démarche. Le bébé qui est là dans vos bras n'est pas celui de vos rêves. Ce dernier a disparu, il n'a jamais existé ailleurs que dans votre esprit. Vous en débarrasser est le meilleur moyen de sortir du chaos et de la confusion où vous êtes. Vous vous sentez loin de l'image que vous vous étiez construite ? Alors oubliez l'image.

Il est important que vous réagissiez. Une bonne manière de revenir à la réalité est de vous concentrer sur ce que vous faites, sur l'instant présent : il n'est pas toujours si dur ! Cela vous évitera de trop penser à ce qui n'est pas, à ce que vous auriez aimé qui soit, ou à tout le travail qu'il vous reste à faire dans la maison. Regardez votre bébé et faites la liste de toutes les qualités qui sont les siennes, cela vous remontera le moral !

LE MYTHE DE LA MÈRE PARFAITE

« Je sens que je n'aurais jamais dû avoir un bébé. Si quelqu'un m'avait dit comment ce serait, il m'aurait sauvé la vie à temps. Qui est cet être tout puissant qui hurle de façon incompréhensible, mord douloureusement mes seins et réclame ma présence jusqu'à ce que je sois dans un état de fatigue inconcevable ? Par quelle autorité a-t-il tous les droits sur ma vie et fait-il de moi sa prisonnière et son esclave ? Je ne serai jamais une bonne mère. Les experts avaient raison, je pense. Les bébés sont naturellement des créatures placides, calmes et facilement satisfaites. Ce n'est que la mauvaise mère qui tient son bébé trop serré, trop souvent, trop maladroitement, trop rarement, qui le laisse trop pleurer, ou pas assez, qui le nourrit trop, ou insuffisamment, ou pas au bon moment, qui l'étouffe sous son amour, ou qui ne l'aime pas assez, ou mal… C'est seulement la mauvaise mère qui est à blâmer[1]. »

La « super maman » est un mythe qui a la vie dure. Non seulement il ne s'allège pas ces temps-ci où les mères travaillent davantage et où les pères mettent la main à la pâte, mais il se renforce. La « super woman » se doit de tout réussir : ses en-

1. Jane Lararre, *Mother Knot.*

fants, son couple, son métier. Je mets intentionnellement les enfants en premier, tant le poids social qui pèse sur la maternité est lourd. Avoir un enfant est supposé apporter à la jeune maman satisfaction et plénitude. La masculinité ne se définit pas en terme de paternité. La féminité, bien souvent.

Ce mythe de la femme faite pour avoir des enfants et sachant d'instinct les comprendre et s'en occuper ne repose sur rien de réel. Personne n'a jamais trouvé trace d'un instinct maternel et les jeunes femmes d'aujourd'hui n'ont jamais été si mal préparées à s'occuper d'un bébé. Mais il permet de séparer celles qui réussissent dans leur rôle de mère de celles qui échouent. Réussir, c'est ressembler à l'image de la publicité : dans une maison nette, au sol brillant, une jeune mère mince et élégante épluche des légumes frais pour préparer la soupe de son bébé qui dort si gentiment dans son berceau en dentelle, les fesses au sec. Elle est reposée et dynamique, elle a tout le temps et les compétences nécessaires pour répondre aux besoins de son bébé et de son conjoint. Si le bébé est calme et le mari satisfait, c'est qu'elle est compétente. Si le bébé pleure et que le mari râle, c'est l'échec.

Ce qui est frappant dans ce mythe que des mères elles-mêmes entretiennent (sans oublier les belles-mères !), c'est l'illusion que la mère a le contrôle de la situation. Il suffit de surprendre les regards courroucés des passants à la vue d'une jeune mère avec son bébé hurlant dans ses bras et incapable de le faire taire. Tout est supposé dépendre d'elle, de son comportement et de son talent. Si ceux qui l'entourent ne réagissent pas de la façon souhaitée, c'est qu'elle s'y est mal prise. C'est donc à elle de changer. Viennent alors la culpabilité, l'épuisement et le sentiment d'échec, qui mettent en place un véritable cercle vicieux.

J'espère avoir été assez claire dans cet ouvrage sur ce point précis : la mère d'un bébé qui crie n'est nullement coupable, ni même responsable de cet état de fait. Les explications sur ce curieux phénomène que sont les coliques du nourrisson ne sont à ce jour que des hypothèses. En aucune façon, une jeune mère ne peut « contrôler » les réactions de son bébé : sinon, il est évident que toutes choisiraient le calme ! La croyance selon laquelle elle pourrait, si elle était plus compétente, apaiser, faire taire ou faire dormir son bébé est destructrice. L'amour ne suffit pas, sinon tous les bébés seraient calmes. Alors :

- Redéfinissez votre rôle de manière plus réaliste. Vous n'êtes pas celle sur qui repose l'entière responsabilité du présent et de l'avenir. Votre bébé et votre famille ne sont pas une pâte à modeler à laquelle vous pouvez donner la forme que vous souhaitez.
- Si cela ne va pas comme vous voulez, il y a des choses à faire. Changez votre relation à votre bébé ou changez votre attente. Relisez ce livre et utilisez les conseils qu'il contient. Il vous aidera à garder la confiance en vous et la conviction que les choses vont s'arranger.

LA PENTE DANGEREUSE

Un bébé qui pleure de manière inconsolable peut, avec le temps, avoir un effet destructeur sur le moral de la mère et sur l'ambiance familiale. Il est évident que plus la mère sera isolée et vivra cette maternité dans des conditions psychosociales difficiles, et plus elle aura le risque de rencontrer l'une ou l'autre de ces difficultés. Notre société n'est absolument pas adaptée aux besoins des jeunes enfants et leurs mères. Ces dernières sont non seulement isolées mais jugées sur ce dont elles ne sont pas coupables. Ce sont les victimes que l'on accuse.

L'anxiété

Quand un bébé pleure, on va voir s'il ne souffre de rien. S'il continue à pleurer, on s'inquiète. S'il pleure pendant des heures, on va voir le médecin. Ce dernier l'examine soigneusement et conclut que le bébé va très bien, qu'il n'y a rien à faire, que cela passera tout seul dans quelques mois.

Mais les choses, pour la mère, ne sont pas si simples. Elle ne peut s'empêcher de s'interroger sur la santé de son bébé. Il est bien difficile de croire qu'il pleure comme cela « pour rien » et qu'il n'y a rien à faire. Peut-être couvait-il quelque chose qui ne se voyait pas encore ? Peut-être faudrait-il retourner consulter ? Parce qu'enfin, pour crier comme cela, il a sûrement mal quelque part !

La mère d'un bébé qui crie beaucoup finit, même si elle ne l'était pas précédemment, par devenir une mère anxieuse et tendue, à l'écoute du moindre signe de maladie. Et cette attitude, bien sûr, n'arrange rien. Le bébé partage tout avec sa mère, y compris ses tension, qu'il va traduire… par un surcroît de cris.

Le syndrome d'impuissance

A force d'essayer de calmer son bébé et de ne pas y parvenir, la mère peut parfois avoir l'impression que « rien ne marche » de ce qu'elle entreprend et se sentir devenir impuissante à réaliser et à réussir. Ce sentiment d'échouer entraîne lui-même l'échec, comme dans un cercle vicieux. A force, la mère ne parvient plus à mobiliser assez d'énergie et d'enthousiasme pour mettre en place les changements qui aboutiraient à une amélioration de la situation. Si elle ne parvient pas à reprendre le contrôle de la situation, elle risque d'évoluer vers un sentiment dépressif.

La dépression

La dépression « classique » des quelques jours qui suivent la grossesse se dissout généralement assez rapidement dans la joie de découvrir son enfant et les occupations qui y affèrent. Mais avec un bébé qui pleure de façon inconsolable, la mère, si elle n'est pas aidée, peut sombrer dans une dépression, le plus souvent autour de la troisième semaine, autrement plus difficile à supporter. Elle se base sur quatre impressions, toutes fausses mais généralement fortement implantées dans l'esprit de la jeune maman :

— Elle ne sait pas s'y prendre, elle est incompétente.
— Son bébé est contre elle, ou bien il a quelque chose qui ne va pas.
— Cette situation ne finira jamais.
— Elle est la seule dans son cas.

La faute n'en revient ni à la mère ni à

l'enfant, mais bien davantage à l'incapacité de nos sociétés actuelles à fournir un support adéquat aux jeunes mères. La preuve en est que ce type de dépression se rencontre bien davantage dans les zones urbaines peu favorisées culturellement et socialement. Le discours que l'on entend le plus souvent est : *« J'ai un appartement, un mari que j'aime, un beau bébé, je devrais être heureuse, mais je suis épuisée et je pleure aussi souvent que mon bébé. »* On s'attend à l'image romantique d'une joie sans mélange et l'on se découvre confrontée à un sentiment d'isolement et dévalorisée par son apparente incompétence face à un minuscule tyran. Cela peut être très difficile à supporter.

Un médecin avait défini, à partir des femmes qu'il avait rencontrées, ce qu'il appelait « l'alerte rouge ». Il s'agit d'un moment, variable selon les mères (ce que chacune peut endurer avant de « craquer » dépend de multiples facteurs), où le corps se met à réagir. Lorsqu'un individu est soumis à un état de stress, d'alarme, d'anxiété permanente, et qu'il subit de plus une privation de sommeil à cause des pleurs de son bébé, il finit par se trouver en situation de tension et d'alerte intérieure permanentes. Les muscles sont tendus, l'esprit en éveil. Il ne devient plus possible de se reposer. L'étape suivante est celle de l'épuisement : l'énergie et l'intérêt diminuent, la fatigue est permanente, la mère se sent débordée, incapable de faire face. C'est le début d'un état dépressif.

QUE FAIRE POUR SOI ?

Il est important, avant de conclure, de parler encore un peu de la mère de cet enfant qui crie et de la manière de l'aider, elle. Si personne n'a pu démontrer avec certitude que le bébé qui crie beaucoup est un bébé qui souffre et qu'il est admis qu'il n'en garde pas trace, on ne peut en dire de même de ses parents, et plus particulièrement de sa mère.

Aussi les derniers conseils seront-ils pour elle. Si elle ne peut empêcher son bébé de pleurer, au moins peut-elle s'arranger pour ne pas trop s'y abîmer et prendre patience en attendant des jours meilleurs. Elle évitera ainsi le cercle vicieux de la mère qui réagit à l'excès de cris par une dépression, laquelle inquiète et fait pleurer l'enfant, voire par de l'agressivité.

LE RÔLE DU PÈRE

Le « nouveau père »

« Un partenaire qui partage à égalité les soins au bébé, qui se lève la nuit pour répondre aux cris, qui change les couches, nettoie la salle de bains, sait quand changer de grenouillère, qui remarque qu'on va bientôt manquer de lait en poudre et qui va en acheter, capable de préparer rapidement un repas correct sans râler ni laisser la cuisine en fouillis, et qui passera des heures à bercer et promener un bébé grincheux, et tout cela spontanément, sans qu'on le lui demande... Quelqu'un qui n'attend aucune gratitude mais trouve normal de faire tout cela. Une personne sensible, compréhensive et tendre, qui fait passer les relations familiales avant sa réussite professionnelle... »

Voici la manière dont S. Kitzinger décrit « le nouveau père ». Mais il se trouve qu'on le rencontre peu dans les familles où les bébés pleurent vraiment beaucoup. Sans doute parce que, avec un compagnon comme celui-ci, l'ambiance est meilleure et la mère moins fatiguée. Les cris du bébé deviennent plus supportables et sans doute s'espacent-ils. Ce n'est pas que la plupart des pères ne fassent rien, mais plutôt qu'ils se considèrent comme des assistants et non comme des premiers rôles. Ils aident quand ils peuvent, ou quand la demande devient pressante, convaincus au fond d'eux-mêmes que les bébés sont plutôt l'affaire des femmes.

Bien des hommes ne sont absolument pas préparés à ce qui les attend et admettent qu'ils ne supportent pas d'entendre un bébé pleurer de façon inconsolable : cela les bouleverse profondément et finit par engendrer des sentiments négatifs. Souvent pleins de bonne volonté au départ, ils renoncent progressivement lorsqu'ils constatent que la mère fait tout cela très bien et critique facilement leur façon de faire. Le fait que la mère dispose d'un congé de maternité alors que le père continue à se rendre quotidiennement à son travail accroît l'idée que les responsabilités sont désormais partagées : l'un au-dehors, l'autre au-dedans. Il ne sera pas toujours facile, au bout des trois mois, de revenir à un autre mode de fonctionnement.

La « paternité active », même si elle est en route, n'en est absolument pas rendue au point d'avancement que nous montrent les magazines. Mais les mères qui ont un tel conjoint disent toutes : *« Il est formidable. Je ne sais pas comment je m'en serais sortie sans lui. »*

Partager

Chaque mère devrait pouvoir, à un moment de calme, exprimer à son conjoint de quelle aide elle a besoin et ce qu'elle attend de lui. Prendre sa juste part des responsabilités parentales, soutenir réellement sa femme, cela demande des compétences que l'on n'apprend pas à l'université ou à l'entreprise et peut demander un certain temps d'ajustement. Voici quelques pistes de comportements paternels qui apportent un réel support à la mère, donc sont un bienfait pour l'ambiance familiale.

- Rentrer à l'heure à la maison. Cela n'a l'air de rien, mais la mère compte vraiment sur l'arrivée de son conjoint après son travail. Savoir qu'elle va pouvoir passer le relais l'aide à tenir le coup. Les bébés étant particulièrement difficiles en fin de journée et les mères particulièrement épuisées, un retard non prévu d'un quart d'heure ou d'une demi-heure peut avoir des conséquences non négligeables.

- Prendre le bébé en charge, le soir, pendant au moins une heure, que la mère ait cette pause pour elle. Qu'elle puisse, chaque jour, avoir un temps de détente et de repos bien à elle. Non pas pour lancer une lessive ou courir au supermarché, mais pour faire une promenade, prendre un bain ou se plonger dans un bon livre.

- En fin de semaine, le samedi et le dimanche, sortir le bébé une heure ou deux de façon à laisser la mère se relaxer à la maison.

QUE FAIRE POUR SOI ?

- Emmener sa femme au restaurant, au cinéma, ou dîner chez des amis. Dans ce cas, on prend une baby-sitter et on essaie d'oublier les cris le temps d'une soirée. A faire même si l'on est fatigué, car il est très important pour le moral que la femme soit parfois autre chose qu'une mère.

- Prendre en charge le dîner, au moins un soir sur deux. Même pour un repas très simple, cela implique de planifier le menu, faire les courses et ranger la cuisine ensuite. Pas besoin d'être compétent : tout le monde sait faire réchauffer une pizza ou cuire des œufs au plat.

- Se lever une nuit sur deux.

- Prêter une oreille compréhensive à sa compagne. Le père est souvent, pendant quelques semaines, le seul interlocuteur régulier de la jeune maman. Pouvoir, après une longue et parfois difficile journée, poser sa tête sur une épaule accueillante et déballer ses petites joies et ses petites misères fait un bien fou. S'abstenir de commentaires du genre : *« C'est pénible, tu te plains tout le temps ! »* ou *« Il faudrait savoir, tu le voulais ce bébé, maintenant tu l'as ! »* Au contraire, la compassion permet qu'une fois le fardeau posé on puisse redémarrer avec un nouveau courage.

- Parler positivement avec son bébé lorsqu'on se retrouve seul avec lui. Un bébé qui crie beaucoup s'entend souvent renvoyer une image négative de lui-même *(« Il pleure tout le temps, il est pénible! », « Il n'est jamais content, il me crève! », « Ce n'est vraiment pas la joie d'avoir un enfant pareil! »*, etc.) qui ne fait qu'enraciner la situation. Le père ferait beaucoup pour la situation générale et pour l'avenir de son bébé s'il lui renvoyait, chaque jour, une image positive de lui-même. *« Tu es vraiment un beau bébé, tu sais, que je suis fier d'être ton papa! », « Tu as déjà appris à agripper et secouer le hochet: bravo, tu es vraiment très éveillé », « Que je suis heureux de te retrouver le soir, surtout quand tu me fais ces sourires magnifiques! », « Tu es le plus beau bébé du monde! »*, etc.

SE FAIRE AIDER

Certaines mères de bébés à coliques n'ont pas de conjoint. Ou bien celui-ci est absent, totalement ou partiellement. Ou bien il n'est pas un soutien. Il faut alors aller chercher de l'aide ailleurs. Le pire dans cette situation est de rester isolée. Après neuf mois de grossesse, une femme a un désir profond de redevenir ce qu'elle était avant et de recommencer à mener une vie normale. Mais, faute d'aide, bien des jeunes mères ne se sentent plus exister qu'en fonction de leur enfant, de jour comme de nuit. C'est alors que peuvent naître des émotions négatives. Il devient important de se faire aider, de sortir de chez soi et de s'occuper de soi.

La principale difficulté est souvent d'avouer ses difficultés et d'oser demander. « *Que va-t-on penser de moi ? Que je ne suis pas capable de m'occuper de mon bébé...* » En réalité, tous ceux qui sont passés par là vous comprendront très bien et aucun ne vous jettera la pierre. Voyons où trouver de l'aide ?

La famille

N'hésitez pas à demander. Il y a souvent une solution à laquelle on n'avait pas pensé. Même si les grands-mères n'ont pas les mêmes idées que vous sur la façon de s'occuper des bébés, vous pouvez sans crainte leur confier le vôtre le temps de sortir ou de vous reposer un peu. Les quatre grands-parents sont indisponibles ? Passez un coup de fil aux frères et sœurs, aux cousines, aux tantes. Vous finirez bien par tomber sur quelqu'un qui sera ravi de vous prendre votre bébé une demi-journée ou de vous inviter ensemble à passer le week-end à la campagne.

Les copines et les voisines

Ici encore, n'hésitez pas. Beaucoup de femmes, dont les enfants sont déjà grands, seront ravies de pouponner de temps à autre. Votre bébé, qui pleurait avec vous, va mystérieusement s'endormir dans les bras de votre amie, simplement parce que la relation qu'il a avec elle n'est pas la même et qu'elle a moins besoin que vous de réussir.

Allez prendre le thé chez une copine, ou invitez-la et, si elle vous demande ce qu'elle peut faire pour vous, suggérez-lui de se charger de votre repassage pendant que vous bavardez avec elle en vous occupant du bébé. Invitez votre voisine à prendre le café. Renouez avec celle que vous aviez perdue de vue et dont on vous a dit qu'elle avait accouché récemment.

Contactez la mairie pour connaître les associations de votre commune : y en a-t-il une qui se charge d'accueillir les nouvelles habitantes ou qui regroupe les femmes dans un but ou un autre ? S'il n'y en a pas, pourquoi ne démarreriez-vous pas un groupe de soutien maman-bébé visant à réunir de temps à autre les jeunes mères du voisinage ?

En un mot : sortez de votre solitude.

L'aide « institutionnelle »

Les municipalités peuvent procurer une aide à domicile aux parents se situant en dessous d'un certain seuil de ressources. Si vos moyens vous le permettent, n'hésitez pas à prendre contact avec un organisme privé ou associatif qui vous fournira, à l'occasion ou régulièrement, l'aide d'une baby-sitter. Vous trouverez aussi certainement dans votre voisinage un jeune homme ou une jeune fille habitué des enfants et qui sera heureux de s'occuper du vôtre une ou deux demi-journées par semaine contre rémunération.

Les aides annexes

Si vous n'avez pas le cœur à vous séparer de votre bébé, faites-vous au moins aider pour les courses, le ménage, le repassage. Confiez à d'autres les tâches qui vous occupent lorsqu'enfin votre bébé dort et que vous pourriez vous occuper de vous, vous distraire ou vous détendre. Parfois se payer quelques heures de femme de ménage peut être tout à fait salutaire. Ce n'est certainement pas sur ce budget-là qu'il faut économiser dans les premiers mois.

S'AIDER SOI-MÊME

Il existe de nombreuses manières de s'aider dans cette période difficile. Toutes visent à vous apprendre à ne pas être la mère parfaite, contrairement à l'image idéale de la société. De nombreuses pistes seront passées en revue dans ce chapitre. A vous de les adapter et d'en inventer d'autres.

Organiser son quotidien

- N'achetez que du linge et des vêtements d'enfants qui ne nécessitent pas de repassage. Avec un lave-linge et un sèche-linge, la corvée des lessives sera grandement facilitée. A peine sec, le linge est plié et réintègre les placards.

- Passez commande depuis chez vous et faites livrer vos courses à domicile (nombreux services Minitel d'épicerie, de produits frais et de surgelés). Ce n'est pas forcément plus cher et c'est très pratique.

- Certaines mères ne souffrent pas de leur

isolement, mais au contraire d'un excès de visites et de coups de téléphone qui sonne chaque fois qu'elles pourraient se reposer. Dans ce cas, il faut tout simplement savoir débrancher le téléphone et dire non aux visites purement formelles. N'accepter de recevoir que ceux qui savent se rendre utiles en amenant à manger, en épluchant les légumes pour la soupe, en passant l'aspirateur ou en berçant bébé pendant que sa mère prend un bain.

- Simplifiez-vous la vie au maximum. Procurez-vous un stock d'assiettes et de serviettes en papier. Achetez des plats rapides à préparer ou prêts à réchauffer : pizza, lasagne, poulet fumé, rôti froid, crudités en sachet, etc. Servez-vous de votre congélateur. Après un bon petit déjeuner, prévoyez des repas simples : sandwich composé, milk-shake.

- Allez au restaurant une fois par semaine.

- Demandez à votre médecin s'il ne serait pas judicieux de vous prescrire des complexes vitaminés (B notamment), afin de vous ménager des réserves d'énergie.

- Organisez des dîners avec des amis qui ont aussi des bébés difficiles : se plaindre à plusieurs remonte le moral. Cela soulage et on se sent moins isolé.

- Donnez-vous pour règle de ne jamais bouger ni réveiller votre bébé lorsqu'il dort.

- Allez voir vos voisins (à côté, dessus, dessous) et dites-leur combien vous êtes désolés de les importuner avec les cris de votre bébé. Il a juste un petit problème (inventez ce que vous voulez) et tout rentrera dans l'ordre d'ici un mois ou deux.

Protéger son couple

Etre à la fois la mère parfaite d'un bébé hurleur et une épouse attentionnée relève de la quadrature du cercle. Votre conjoint est présent pour vous relayer. Qu'il prenne la relève vous permet de vous ménager du temps personnel. Mais il est important de vous ménager également du temps à deux. Si vous n'avez pas honte de demander de l'aide ou si vous avez les moyens d'employer une baby-sitter, n'hésitez pas à sortir ensemble au moins une fois par semaine. Essayez chaque jour de vous trouver ne serait-ce qu'une demi-heure de calme et d'intimité à deux, lorsque le bébé dort. Vous étiez un couple avant d'être des parents et il est important que vous le restiez.

En l'absence d'un conjoint, prenez un break toute seule. Sortez. Vous avez le droit de ne pas être investie vingt-quatre heures sur vingt-quatre dans les préoccupations maternelles. Vous continuez à exister pour vous-même, ne l'oubliez pas.

Faire face aux tensions

Un stress long et répété comme celui que subit la mère d'un bébé qui crie beaucoup ne manque pas d'avoir des répercussions sur le plan corporel : mauvais sommeil, maux de tête, douleurs digestives, douleurs de dos, tensions musculaires, sensibilité aux attaques virales, etc. Le corps est en état d'alerte permanente et ne sait plus se détendre ni combattre. Il faut réagir de manière active.

- Acceptez vos émotions négatives, vos colères, vos ambivalences vis-à-vis du bébé. Verbalisez-les à haute voix.

- Ecrivez régulièrement tout ce qui vous passe par la tête, tenez un journal de vos joies et de vos difficultés. Vous aurez plaisir à le relire dans quelques années. C'est fou ce qu'un bébé difficile permet d'apprendre sur soi-même !

- Déchargez vos tensions physiques en vous dépensant de façon régulière et chaque fois que vous sentez la tension monter : allez faire le tour du quartier en courant, dansez un quart d'heure sur une musique rythmée, sortez hurler dans le jardin, chantez sur votre disque préféré, sautez sur place jusqu'à tomber d'épuisement, etc. Remplacez la tension psychique par une bonne fatigue physique vous aidera à vous détendre et à mieux dormir.

- N'acceptez pas la culpabilité. Refusez également les peurs infondées qui assaillent souvent les jeunes mères (peur de faire mal à son bébé, peur qu'il cesse de respirer, etc.). Toutes ces émotions sont ressenties pas l'enfant et accroissent son malaise.

- Prenez le temps de vous relaxer (voir plus bas).

Se faire plaisir

Dans les périodes difficiles, où vous ressentez de grandes frustrations, il est salutaire de savoir se faire plaisir. Etre mère ne vous oblige pas à devenir un modèle de sainteté, d'abnégation et d'altruisme. Vous consacrez l'essentiel de votre temps aux autres, soit, mais ne vous oubliez pas dans la distribution.

■ Sortez de la maison tous les jours avec votre bébé, même si vous n'allez pas loin. Trouvez à proximité de chez vous un lieu de paix où vous aurez plaisir à aller vous promener ou vous asseoir. Comme le conseillait une jeune mère : *« Sortez et marchez beaucoup. Les choses n'ont jamais l'air aussi dramatiques en plein air. Les cris d'un bébé dans son landau ne sont jamais aussi pénibles qu'à la maison, en tête-à-tête. D'autant qu'il risque d'aimer cela et de se calmer ! »* Il pleut ou il fait froid ? Glissez l'enfant dans le porte-bébé et enveloppez-le dans votre propre veste ou manteau, mettez de bonnes chaussures de marche, et sortez quand même. Sortez chaque fois que vous sentez que vous ne pouvez pas rester enfermés ensemble une minute de plus. Rien n'est pire que se sentir isolée avec les cris.

- Ne rencontrez que les gens qui vous font du bien. Ceux qui vous apportent de l'affection, qui vous écoutent et compatissent, qui savent vous entretenir de tout et de rien, qui vous redonnent le moral. Les positifs. Pour les autres, vous verrez plus tard. Les rencontres avec les autres mères au parc peuvent se révéler utiles à beaucoup de points de vue.

- Achetez-vous des petits romans agréables à lire et distrayants. Ils pourront toujours meubler vos insomnies.

- Achetez-vous un baladeur ou un casque pour brancher sur le lecteur de disques compacts ou de cassettes : vous pourrez écouter vos musiques préférées à toute heure du jour et de la nuit. Aux moments les plus difficiles, pleurs de fin d'après-midi par exemple, mettez une belle musique sur la chaîne stéréo et faites-en profiter votre bébé.

- Enregistrez à la télévision les bons films que vous ne pouvez regarder et mettez-les en réserve pour un moment propice.

- Trouvez le temps d'aller chez le coiffeur et chez l'esthéticienne.

- Faites-vous des petits cadeaux. Si vous n'avez pas le temps de sortir faire des courses, plongez-vous dans les catalogues de vente par correspondance.

Soigner son confort

- Portez des vêtements amples, confortables, peu salissants et faciles à laver.

- Installez des volets ou des doubles rideaux dans la chambre où le bébé dort afin qu'il ne soit pas réveillé par la lumière le matin à l'aube.

- Fabriquez-vous un petit nid très confortable pour les moments où vous allaitez (sein ou biberon). Fauteuil crapaud, coussin sous les reins, accoudoirs, supporte-pieds, table basse pour poser une boisson, etc.

- Dormez quand votre bébé dort. Vous vous épuiserez moins à suivre son rythme qu'à tenter d'obtenir de lui qu'il suive le vôtre.

- Si vous choisissez de dormir avec votre bébé pendant un ou deux mois, parce que c'est ainsi que lui et vous faites les meilleures siestes, faites-le sur un grand matelas posé directement par terre (supprimez le sommier). Ainsi vous ne craindrez pas qu'il tombe sur le sol au cours de la nuit. Si vous et votre conjoint trouvez plaisir à cette situation transitoire et n'en êtes pas gênés dans votre sommeil, pourquoi pas? Dormir seul est une invention récente de pays riches... Si, à l'inverse, vous ne pouvez dormir avec votre bébé parce que ses mouvements et ses petits bruits vous tiennent éveillée, n'ayez aucun scrupule à le mettre dans une autre chambre dès que possible. C'est parfois la séparation d'avec sa mère pour la nuit qui permettra à l'enfant de mieux dormir de longues périodes.

Se dire des vérités qui font du bien

L'esprit humain ne réagit pas seulement aux faits et aux événements extérieurs. Il est également très sensible au discours que l'on se tient intérieurement. Face à un même fait, le discours intérieur fait toute la différence. Un exemple : vous vous levez un matin et il pleut des cordes. Selon que vous vous direz : *« Voilà un bel orage, les escargots vont être contents et au moins je n'aurai pas besoin d'arroser le jardin! »* ou bien : *« Quel temps de chien, c'est vraiment un printemps pourri, je ne vais encore pas pouvoir sortir aujourd'hui !»*, vous serez de bonne ou de méchante humeur. Le temps, lui, s'en moque, mais votre matinée risque d'en être changée.

Il en est de même avec les cris de votre bébé. Selon que vous vous culpabiliserez et ruminerez votre mauvaise fortune ou bien que vous nourrirez votre esprit de pensées positives, vous souffrirez plus ou moins de la situation. Vous ne pouvez peut-être pas changer votre bébé, mais vous, vous pouvez vous changer.

Voici quelques phrases qui vous feront du bien si vous les gardez en tête. Si vous vous sentez envahie par une pensée négative, chassez-la pour faire place à l'une de celles-ci.

— *«Je suis un être humain normal, je n'ai pas à être une «super-woman.»*

— *«Je ne suis pas la cause des cris de mon bébé.»*

— *Personne ne ferait mieux face à ce bébé-là, pas même ma belle-mère.»*

— *«Je suis exactement la mère qu'il lui faut.»*

— *«J'ai le droit de me sentir énervée, frustrée et en colère.»*

— *«Il a surtout besoin de sentir que je l'aime.»*

— *«Toute l'attention que je lui donne maintenant, je la retrouverai plus tard dans son comportement.«*

— *« C'est un enfant intelligent qui demande ce dont il a besoin. Il a une forte personnalité. C'est utile dans la vie. »*
— *« C'est un enfant éveillé. »*
— *« Quand il sourit, il est adorable. »*
— *« Il ne criera pas toute sa vie. »*

Se relaxer

Il existe différentes méthodes de relaxation permettant, lorsqu'enfin votre bébé est endormi et que vous disposez d'une dizaine de minutes de tranquillité, de bien vous détendre. Il arrive que le corps et l'esprit soient trop tendus pour que l'on puisse envisager de dormir. La relaxation peut alors préparer au sommeil. Dans tous les cas, elle va amener à un état de grande détente. Pratiquée régulièrement (matin et soir par exemple), elle a un effet réel sur le psychisme. Elle éloigne les pensées négatives, apaise, aide à voir la vie autrement et engendre des images positives et dynamisantes.

Toutes les méthodes de relaxation peuvent vous aider. En voici une qui est particulièrement adaptée à votre situation.

— Commencez par débrancher le téléphone et vous assurer que vous ne serez pas dérangée. Dégrafez tous les vêtements qui vous serrent.

— Allongez-vous tranquillement à plat sur le dos, sur un lit ou à même le tapis ou la moquette.

— Fermez les yeux.

— Respirez tranquillement, par le nez, en observant simplement votre respiration s'apaiser progressivement.

— Contractez très fortement tous les muscles de la jambe et du pied droits, tenez cinq secondes, puis relâchez. Sentez la détente musculaire dans la jambe.

— Faites de même avec la jambe et le pied gauches, puis avec le bras et la main droits, le bras et la main gauches, les muscles du dos (épaules et fessiers), ceux du ventre et de la poitrine. Terminez en contractant cinq secondes les muscles du visage et de la nuque.

— Sentez le relâchement et la détente de tout votre corps.

— Choisissez un endroit qui soit pour vous synonyme de beauté et de paix (une plage sous les palmiers, la montagne, une prairie, etc.) et visualisez-le en détail.

— Voyez-vous évoluer dans cet endroit. Vous y êtes bien, en paix, heureuse sous le soleil. Près de vous, un bébé souriant et joyeux se promène dans les fleurs ou joue avec les coquillages.

— Parlez-vous. Dites-vous que vous êtes bien, que votre bébé est adorable, que vous êtes une maman heureuse, que vous êtes la meilleure mère pour cet enfant-là, qu'il a vraiment grandi en calme et en beauté.

— Concentrez-vous à nouveau sur votre respiration. Bougez doucement les mains, puis les pieds. Enfin ouvrez les yeux.

TABLE DES MATIÈRES

IMPRESSION : BUSSIÈRE S.A., SAINT-AMAND (CHER). — N° 496
D. L. FÉVRIER 1995/0099/61

ISBN 2-501-02023-5

Imprimé en France